2024 스포츠지도사 문제집

운동생리학

단원별 출제빈도 분석

단원	2015 (전문)	2015 (생활)	2016	2017	2018	2019	2020	2021	2022	2023	누계 (개)	출제율 (%)
제1장 운동생리학의 개관	1	1	2	1	1	2			1	2	11	5.5
제2장 에너지대사와 운동	3	3	4	4	3	6	2	1	4	6	36	18
제3장 신경조절과 운동	2	2	2	3	2	1	3	2	3	3	23	11.5
제4장 뼈대근육과 운동	6	4	3	2	4	4	5	6	4	4	42	21
제5장 내분비계통과 운동	3	3	2	2	2	2	3	2	2	1	22	11
제6장 호흡 · 순환계통과 운동	4	5	6	6	6	4	6	6	5	3	51	25.5
제7장 환경과 운동	1	2	1	2	2	1	1	3	1	1	15	7.5
합계	20	20	20	20	20	20	20	20	20	20	180	100

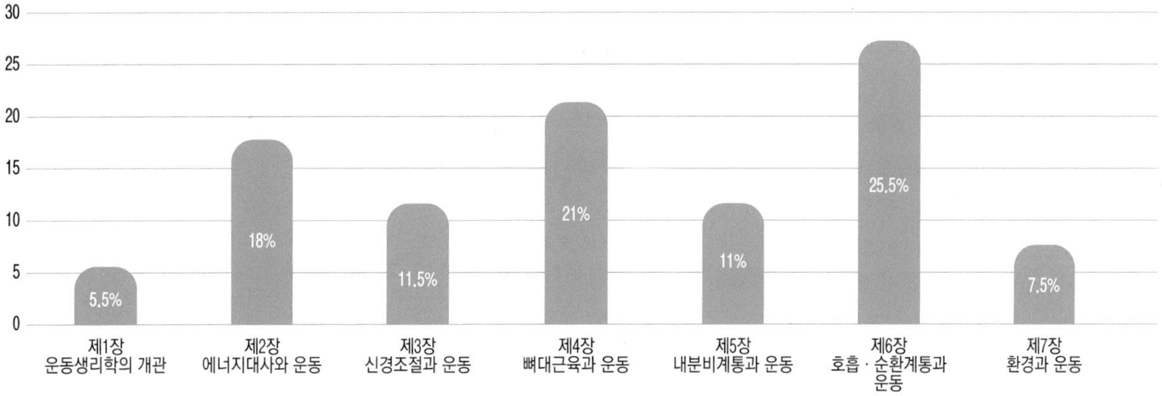

단원별 출제비율 그래프

CHAPTER 01

운동생리학의 개관

용어의 정의

운동	건강이나 체력을 유지 또는 증진시키기 위해서 계획적이고 규칙적인 신체활동을 하는 것.
신체활동	신체적인 움직임을 통해서 휴식 시보다 더 많은 에너지를 소비하는 것.
체력	신체활동을 수행할 수 있는 능력.

1 체력의 분류 1

방위체력	환경적, 생물적, 생리적, 심리적 스트레스에 저항하는 능력.
행동체력	운동의 발현능력, 운동의 지속능력, 운동의 조정능력.

2 체력의 분류 2

건강관련체력	심폐지구력, 근력, 근지구력, 유연성, 체성분(신체구성)
운동기능체력	민첩성, 순발력, 협응력, 평형성, 반응속도, 스피드

항상성	인체가 외부의 자극에 의해서 교란되었을 때 정상상태를 유지하려고 하는 성질.
반응	자극에 의해서 교란된 인체의 내부환경을 정상적인 상태로 되돌리기 위해서 기관계통이 일시적으로 변화하는 것.

운동생리학의 정의

☞ 비교적 장기간 동안 운동의 형태로 가해진 자극에 대하여 인체가 반응하고 적응하면서 생기는 생리학적 변화를 연구하는 학문이다.

☞ 인체의 항상성에 대하여 연구하는 학문이다.

☞ 인체의 구조와 기능 사이의 관련성을 연구하는 학문이다.

필수 및 심화 문제

필수문제

01 용어에 대한 정의 또는 설명으로 옳지 않은 것은?

① 운동 : 건강이나 체력을 유지 또는 증진시키기 위해서 계획적이고 규칙적인 신체활동을 하는 것
② 신체활동 : 신체적인 움직임을 통해서 휴식 시보다 더 많은 에너지를 소비하는 것
③ 체력 : 신체활동을 수행할 수 있는 능력
④ 스포츠 : 경쟁에서 이기기 위해서 하는 신체활동

■스포츠란 일정한 규칙에 따라 개인이나 단체끼리 속력 · 지구력 · 기능 등을 겨루는 것

필수문제

02 체력을 건강관련 체력과 운동기능 체력으로 나누었을 때 건강 체력과 거리가 먼 것은?

① 심폐지구력 ② 근력 ③ 신체구성(조성) ④ 민첩성

■민첩성은 운동기능 체력이다.

심화문제

03 보기의 내용이 모두 증가되었을 때 향상되는 건강체력 요소는?

보기	
· 모세혈관의 밀도	· 미토콘드리아의 수와 크기
· 동정맥산소차(arterial-venous oxygen difference)	

① 유연성 ② 순발력 ③ 심폐지구력 ④ 근력

■보기는 모두 심폐지구력(전신지구력)을 향상시키는 요인들이다.

04 건강체력 요소 측정으로만 나열되지 않은 것은?

① 오래달리기 측정, 생체전기저항분석(bioelectric impedance analysis)
② 앉아윗몸앞으로굽히기 측정, 윗몸일으키기 측정
③ 배근력 측정, 제자리높이뛰기 측정
④ 팔굽혀펴기 측정, 악력 측정

■**건강관련체력** : 심폐지구력, 근력, 근지구력, 유연성, 체성분
■③ 제자리높이뛰기는 순발력 측정. 순발력은 운동기술 관련 체력요인임.
■① 오래달리기는 심폐지구력 측정. 생체전기저항분석은 체성분 측정
■② 앉아윗몸앞으로굽히기는 유연성 측정. 윗몸일으키기는 근지구력 측정
■④ 팔굽혀펴기는 근지구력 측정. 악력은 근력 측정

필수문제

05 체력을 방위체력과 행동체력으로 나누었을 때 행동체력에 속하지 않는 것은?

① 운동의 제어능력 ② 운동의 발현능력
③ 운동의 지속능력 ④ 운동의 조정능력

■방위체력은 병이나 스트레스 등의 공격에 견디어낼 수 있는 능력이고, 행동체력은 살아가기 위해서 움직이는 능력이다.

정답 01 : ④, 02 : ④, 03 : ③, 04 : ③, 05 : ①

■ 신체조성(체성분)은 몸을 구성하는 성분들의 상대적인 비율이지 체력요소가 아니다.

■ 순발력은 운동기능 관련 체력의 요소이다.

■ 운동생리학은 비교적 장기간 동안 운동의 형태로 가해진 **자극**에 대하여 인체가 **반응**하고 **적응**하면서 생기는 생리학적 변화를 연구하는 학문이다.

■ **항상성** : 인체가 외부의 자극에 의해 교란되었을 때 정상상태를 유지하려는 능력

■ 항상성을 유지하기 위해 인체가 사용하는 주된 방법은 부적 피드백(음성되먹이기) 반응이다.

심화문제

06 운동기술 관련 체력(skill–related fitness) 요소가 아닌 것은?

① 민첩성　② 순발력　③ 신체조성　④ 스피드

07 건강체력 요소가 아닌 것은?

① 순발력　② 유연성　③ 신체구성　④ 심폐지구력

필수문제

08 운동생리학은 운동 중 생명체가 어떻게 생리학적으로 반응하는가를 관찰하는 학문이다. 그러므로 운동이라는 (㉠)을(를) 이용하여 인체가(를) (㉡)하는 과정을 생리학적으로 관찰함과 동시에 인체가 궁극적으로 어떻게 변화하는지를 연구하는 학문이다. 그러나 21세기에 접어들면서 운동생리학의 연구영역은 인체의 (㉢)(이)라는 생리학적 수준에서 점차 진화하여 (㉣)와(과) 신호전달체계 및 단백질 합성 및 발현이라는 세포생물학 또는 분자생물학 분야로 진화하고 있다. 괄호 안에 가장 적합한 단어를 순서대로 표기한 것은?

① ㉠자극, ㉡적응, ㉢기관, ㉣조직
② ㉠적응, ㉡자극, ㉢세포, ㉣조직과 기관
③ ㉠자극, ㉡적응, ㉢조직과 기관, ㉣세포
④ ㉠적응, ㉡자극, ㉢조직과 기관, ㉣세포

심화문제

09 운동생리학 관련 연구에 대한 설명 중 옳지 않은 것은?

① 운동 시 신체의 기능이 어떻게 변화하는지를 연구한다.
② 운동능력을 향상시키기 위한 훈련 과정에 적용하는 학문이다.
③ 장기간 운동에 대한 신체적 효과 및 적응에 대해 연구한다.
④ 운동손상에 대한 수술방법을 연구하는 학문이다.

필수문제

10 인체가 외부의 자극에 의해서 교란되었을 때 정상상태를 유지하려고 하는 성질은?

① 반응성　② 항상성　③ 흥분성　④ 안정성

심화문제

11 항상성을 유지하기 위해서 가장 많이 쓰이는 것은?

① 신경전달의 억제　② 신경전달의 촉진　③ 양적 피드백　④ 부적 피드백

정답　06 : ③, 07 : ①, 08 : ③, 09 : ④, 10 : ②, 11 : ④

심화문제

12 항상성 유지를 위한 신체 조절 중 부적피드백(negative feedback)이 아닌 것은?

① 세포외액의 CO_2 조절　② 체온 상승에 따른 땀 분비 증가
③ 혈당 유지를 위한 호르몬 조절　④ 출산 시 자궁 수축 활성화 증가

■항상성 유지를 위한 부적 피드백(인체의 대부분의 조절체계)은 ①, ②, ③ 등이지만, ④는 양성 피드백 반응이다(원인을 촉진하는 조절체계).

13 자극에 의해서 교란된 인체의 내부환경을 정상적인 상태로 되돌리기 위해서 기관계통이 일시적으로 변화하는 것은?

① 항상성　② 항정상태　③ 반응　④ 적응

■일시적인 변화는 '**반응**'이고, 장기적인 변화는 '**적응**'이다.

14 신체활동을 가장 잘 설명한 것은?

① 계획적인 신체의 움직임　② 생활수단으로 하는 신체의 움직임
③ 안정 시보다 더 많은 에너지를 소비하는 상태
④ 건강이나 체력의 향상을 기대하기 어려운 활동

■신체활동은 신체적인 움직임을 통해서 휴식 시보다 더 많은 에너지를 소비하는 것이다.

필수문제

15 보기의 괄호 안에 들어갈 가장 적절한 용어는?

보기
'운동생리학'은 일정 기간 동안 운동 형태로 가해진 자극에 대해 인체가 적절하게 반응하고 (　　)하는 과정 속에서 나타나는 생리학적 현상을 연구하는 학문분야이다.

① 선택　② 수용　③ 회피　④ 적응

■운동생리학은 운동을 통해 발생하는 인체의 반응과 적응을 연구하는 학문이다. 이때 반응은 일시적인 변화이고, 적응은 장기적인 변화이다.

심화문제

16 운동생리학의 기본 영역에서 파생된 학문과 관련성이 가장 적은 것은?

① 운동처방　② 트레이닝방법론　③ 운동역학　④ 운동영양학

■운동역학은 운동생리학에서 파생된 학문이 아니고, 인간의 움직임을 설명 · 분석 · 평가하는 학문이다.

17 보기에서 괄호에 들어갈 명칭은?

보기
미국 운동생리학의 역사는 1920년대 호흡생리학의 권위자인 핸더슨(L. Henderson)이 설립한 (　　)에서 시작되었으며, 이곳에서 최대산소섭취량과 산소부채, 탄수화물과 지방 대사, 환경생리학, 임상생리학, 노화, 혈액 및 체력 등 여러 분야의 연구가 수행되었다.

① 하버드피로연구소　② 아우구스트크로그연구소
③ 크리스티안보어연구소　④ 카롤린스카연구소

■②에서 최초로 인공적으로 인슐린을 생산함(덴마크).
③에서 원자의 구조를 연구함(덴마크).
④는 스웨덴의 세계적인 의과대학에 있음.

정답 12 : ④, 13 : ③, 14 : ③, 15 : ④, 16 : ③, 17 : ①

CHAPTER 02

에너지대사와 운동

대사작용과 에너지

1 대사과정

☞ 체내에서 일어나는 물질과 에너지의 변환과정을 대사과정이라고 한다.

☞ 대사과정에는 동화작용과 이화작용이 있다.

☞ 에너지를 물질의 결합에너지로 저장하는 것을 동화작용, 물질에 저장되어 있는 에너지를 분해해서 다른 에너지로 변환시키는 것을 이화작용이라 한다.

☞ 일반적으로 동화작용을 거치면 물질분자의 크기가 커지고, 이화작용을 거치면 물질분자의 크기가 작아진다.

2 에너지원

☞ 인체의 에너지원은 탄수화물, 지방, 단백질이고 비타민은 에너지원이 아니다.

☞ 탄수화물은 1g을 분해하면 4kcal, 지방은 9kcal, 단백질은 4kcal의 에너지를 얻을 수 있지만 특별한 경우가 아니면 단백질을 분해하지는 않는다,

☞ 지구상에 있는 모든 동식물의 세포가 직접 이용할 수 있는 에너지원은 ATP 뿐이다.

☞ 그러므로 탄수화물이나 지방을 분해해서 나오는 에너지를 이용해서 일단 ATP를 만들어야 세포가 이용할 수 있다.

☞ ATP는 아데노신(A)에 인(P)이 3개(T) 결합되어 있는 물질이고, 아데노신에서 인 1개가 떨어질 때 나오는 에너지를 세포가 이용하는 것이다.

☞ ATP에서 인이 1개 떨어져 나가고 2개가 붙어 있는 것을 ADP, 2개가 떨어져 나가고 1개만 붙어 있는 것을 AMP라고 한다.

☞ 그러므로 ATP가 ADP로 변할 때 나오는 에너지를 세포가 이용하는 것이고, 반대로 ADP를 ATP로 변화시킬 때에는 탄수화물이나 지방을 분해해서 나오는 에너지를 투입해야 한다.

☞ 다시 말해서 대사작용은 ATP를 ADP로 변화시키는 이화작용과 ADP를 ATP로 변화시키는 동화작용을 합친 것이다.

3 일과 에너지의 단위

☞ 1N(뉴턴)의 힘을 들여서 1m(미터) 이동시키면 1N·m(뉴턴미터) 또는 1J(줄)의 일을 했다고 한다.

☞ 1kg(킬로그램)의 물체를 중력과 반대 방향으로 1m 들어올려 놓으면 1kg중m(킬로그램 중 미터)의 일을 했다고 한다.

☞ 영국의 물리학자 줄(Joule)이 물통에 있는 물을 계속 휘저었더니 물의 온도가 올라가는 것을 보고 일을 하면 열이 발생한다는 것을 알았다.

☞ 그래서 일을 해주면 열이 얼마나 생기는지 측정해본 결과 1J(줄)의 일을 해주면 0.24cal의 열이 생겼다. 즉, 1J = 0.24cal

☞ 반대로 계산하면 1cal = 4.186J

☞ 1kg의 무게가 9.8N이므로 1kg중m=9.8N·m=9.8J=9.8J×0.24cal/J=2.39cal이다.

4 파워(순발력) = power = 일률

☞ 일률은 '일하는 빠르기'라는 뜻이므로 '한 일÷일하는 데에 걸린 시간'으로 계산한다.

☞ 예를 들어 100J의 일을 하는 데에 5초(S) 걸렸다면 100J ÷ 5S =20J/S.

☞ 그러므로 일률의 단위는 J/S이고, J/S=W(와트)라고 한다.

☞ 큰 힘을 빠른 속도로 발휘하는 것을 순발력이 좋다고 한다.

☞ 그러므로 순발력 = 힘×속도 = N·m/s = J/S = W. 즉, 순발력과 일률은 같은 것이다.

대사시스템

1 ATP-PCr 시스템

☞ 인원질 과정이라고도 한다.

☞ 아주 짧은 시간 내에 ATP를 공급할 수 있고 무산소 시스템이다.

☞ 극히 제한된 시간(약 10초) 동안만 ATP를 공급할 수 있다.

2 무산소당분해(해당) 시스템(젖산과정)

☞ 당분(탄수화물)을 분해하는 과정이라는 뜻이다.

☞ 당분을 분해하면 젖산이 생기기 때문에 젖산시스템이라고도 하고, 무산소 시스템이다.

☞ ATP-PCr 시스템보다는 많고, 유산소 시스템보다는 적은 양의 ATP를 공급할 수 있다.

☞ 젖산은 근육의 피로를 유발시키는 물질이기도 하지만, 근육에서 간으로 이동시켜 저장하여두었다가 나중에 에너지원으로 사용한다.

3 유산소 시스템

☞ 산소가 충분히 공급될 때에만 가동되기 때문에 유산소 과정이라고 한다.

☞ 크렙스회로 또는 크렙스사이클이라고도 한다.

☞ 가장 늦게 동원되는 시스템이다.

☞ 오랜 시간(이론적으로는 무한히 긴 시간) 동안 ATP를 공급할 수 있다.

☞ 탄수화물과 지방을 연료로 사용한다.

운동 시 에너지원으로 사용되는 영양소

☞ 고강도로 운동을 하면 탄수화물, 저강도로 운동을 하면 지방을 주에너지원으로 사용한다.

☞ 운동지속시간이 짧으면 탄수화물, 운동지속시간이 길면 지방을 주에너지원으로 사용한다.

☞ 장시간 동안 운동을 지속할 때 주 에너지원이 탄수화물에서 지방으로 바뀌는 시점을 유무산소교차점이라고 한다.

☞ 유무산소교차점은 운동 목적에 알맞은 운동강도를 정하려고 할 때 아주 중요하게 이용된다.

☞ 극단적인 경우에만 단백질을 에너지원으로 사용한다.

1 운동시간에 따른 변화

☞ 운동을 막 시작할 때에는 (휴식 시에는) 탄수화물 75%, 지방 25%를 사용한다.

☞ 운동을 시작한 다음 약 50분 정도가 지나면 탄수화물 50%, 지방 50%를 사용한다.

☞ 운동을 시작한 다음 약 90분이 지나면 탄수화물 25%, 지방 75%를 사용한다.

2 운동강도에 따른 변화

☞ 약 10% $\dot{V}O_{2max}$의 운동강도로 운동을 하면 탄수화물 30%, 지방 70%를 사용한다.

☞ 약 35% $\dot{V}O_{2max}$의 운동강도로 운동을 하면 탄수화물 50%, 지방 50%를 사용한다.

☞ 약 80% $\dot{V}O_{2max}$의 운동강도로 운동을 하면 탄수화물 80%, 지방 20%를 사용한다.

호흡교환율(호흡지수)

☞ 1분 동안 섭취하는 산소의 양(VO_2)과 배출하는 이산화탄소의 양(VCO_2)을 **호흡교환율**(Respiratory Exchange Ratio : PER) 또는 **호흡지수**(Respiratory Quotient : RQ, **호흡상**)라고 한다.

» RQ는 세포 내 호흡을 반영하며, PER은 허파의 외호흡으로 환기된 공기에서 측정함.

» 순수한 탄수화물이 분해될 때 RQ는 1.0이고, 지질이 분해될 때 RQ는 0.71

» PER은 운동강도의 증가에 따라 상승함.

호흡교환율=1분 동안에 배출한 이산화탄소의 부피÷1분 동안에 흡입한 산소의 부피

☞ 탄수화물을 분해해서 에너지를 얻을 때 1분 동안에 흡입하는 산소의 양(부피)과 배출하는 이산화탄소의 양(부피)은 같다.

호흡교환율=1÷1=1

☞ 지방을 분해해서 에너지를 얻을 때 1분 동안에 흡입하는 산소의 양(부피)은 23, 배출하는 이산화탄소의 양(부피)은 16이다.

호흡교환율=16÷23=0.70

☞ 그러므로 호흡교환율을 알면 운동 중에 에너지원으로 사용하는 탄수화물과 지방의 양을 알 수 있다.

예 : 호흡교환율이 0.7이면 탄수화물을 0%, 지방을 100% 사용하고 있다.

예 : 호흡교환율이 0.8이면 탄수화물을 33%, 지방을 67% 사용하고 있다.

예 : 호흡교환율이 0.9이면 탄수화물을 67%, 지방을 33% 사용하고 있다.

예 : 호흡교환율이 1이면 탄수화물을 100%, 지방을 0% 사용하고 있다.

대사적응

1 장기간 동안 유산소 트레이닝을 하였을 때 신체가 적응해서 생기는 변화

☞ 근육의 유산소대사능력이 향상된다.

- ☞ 산소를 운반하는 능력이 향상된다.
- ☞ 지방을 더 많이 사용하게 된다.
- ☞ 근육에 저장되어 있는 글리코겐의 양이 증가된다.
- ☞ 최대산소섭취량이 증가한다.
- ☞ 심장의 일회박출량이 증가한다.
- ☞ 지근(서근)섬유가 비대해진다.
- ☞ 근육조직에 있는 모세혈관이 많아진다.
- ☞ 근육 내의 미오글로빈 양이 증가한다.
- ☞ 세포 안의 미토콘드리아의 양이 증가한다.

2 장기간 동안 무산소 트레이닝을 하였을 때 신체가 적응해서 생기는 변화

- ☞ 크레아틴 분해효소의 활성이 증가한다.
- ☞ ATP와 PCr의 저장량이 증가한다.
- ☞ 속근섬유의 비대가 현저해진다.
- ☞ 근육의 가로 단면적이 증가하고, 최대근력이 증가한다.
- ☞ ATP−PCr 시스템과 당분해과정 시스템에 관여하는 효소들이 많아지거나 활성화된다.
- ☞ 평소에 근육에 저장되어 있는 ATP와 PCr의 양이 증가한다.

3 장기간 동안 지구력 트레이닝을 하였을 때 신체가 적응해서 생기는 변화

- ☞ 안정 시 심박수가 감소한다.
- ☞ 최대 산소섭취량이 증가한다.
- ☞ 미토콘드리아 수가 증가한다.
- ☞ 모세혈관의 밀도가 증가한다.

4 운동강도를 MET(대사당량)로 정하는 방법

- ☞ 앉아서 편안하게 휴식을 취하고 있을 때 체중 1kg당 1분 동안에 소모하는 열량을 1MET라고 한다.
- ☞ 1MET는 사람마다 차이가 있지만 평균 약 1kcal이고, 체내에서 1kcal를 발생시키려면 산소 3.5ml를 소비해야 한다.
- ☞ 운동이나 생활 활동의 운동강도를 MET로 나타내면 편안히 쉴 때보다 몇 배의 에너지를 소모하는 운동이라는 뜻이 되므로 편리하다.
- ☞ 1~2.9METs는 저강도 운동, 3~5.9METs는 중간강도 운동, 6METs 이상이면 고강도 운동으로 분류한다.
- ☞ 'MET수×체중(kg)×운동시간(분)'은 그 사람이 그 운동을 하면서 사용한 에너지의 총량을 나타낸다.
- ☞ 예를 들어 체중 50kg인 사람이 3METs의 운동을 20분 동안 하였다면 3METs×50kg×20분=3,000kcal의 열량을 소모하였고, 산소 소비량으로 환산하면 3,000×3.5=10,500ml=10.5리터의 산소를 소비하였다.

필수 및 심화 문제

필수문제

01 보기에서 괄호에 들어갈 용어로 바르게 묶인 것은?

보기

체내의 대사과정(metabolism)은 물질을 합성하여 에너지를 저장하는 (㉠)과 물질을 분해하여 에너지를 소비하는 (㉡)으로 구분된다.

① ㉠ 화학작용, ㉡ 물리작용 ② ㉠ 물리작용, ㉡ 화학작용
③ ㉠ 동화작용, ㉡ 이화작용 ④ ㉠ 이화작용, ㉡ 동화작용

■ **동화작용** : 세포 내의 단순한 물질이나 작은 분자들이 에너지를 사용하면서 복잡한 분자로 합성되는 과정
■ **이화작용** : 대형분자가 작은 분자들로 분해되면서 에너지를 방출하는 과정

필수문제

02 다음 중 에너지의 소모가 없어도 물질을 운반할 수 있는 것은?

① 능동적 운반 ② 포음작용 ③ 삼투 ④ 이온펌프

■ 삼투는 농도가 낮은 쪽의 액체가 높은 쪽으로 용매가 옮겨가는 현상이므로 에너지 소모와는 관계가 없다.
■ **물질운반**
· 수동적 수송 : 확산(세포막을 사이에 두고 있는 두 용액의 농도가 같아지는 것), 삼투(녹아 있는 물질의 분자가 너무 커서 세포막을 통해서 이동할 수 없을 때 아주 작은 물질의 분자가 대신 이동해서 양쪽의 농도를 같게 하는 것), 투석(클로이드에 반투막을 접촉시켜 작은 입자들만 걸러내는 것), 여과(막의 안쪽과 바깥쪽의 압력이 다르면 압력이 높은 쪽에서 낮은 쪽으로 물질이 이동하는 것)
· 능동적 수송 : 이온펌프, 포음작용

필수문제

03 보기의 ㉠, ㉡에 들어갈 내용이 바르게 연결된 것은?

보기

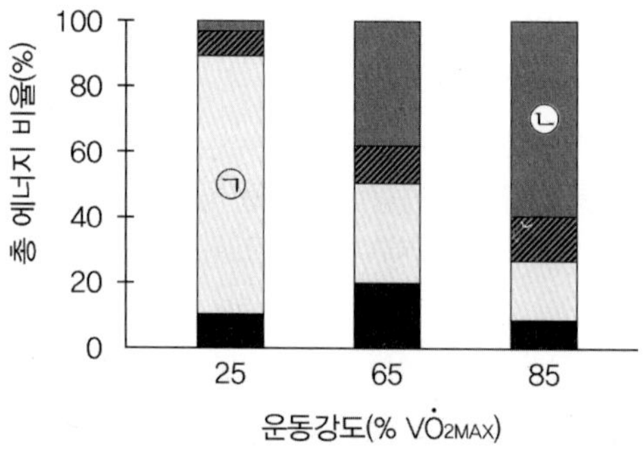

훈련한 운동 선수의 운동강도에 따른 에너지원 사용

	㉠	㉡
①	혈중 포도당	근중성지방
②	혈중 유리지방산	근글리코겐
③	근글리코겐	혈중 포도당
④	근중성지방	혈중유리지방산

■ 매우 가벼운 운동($25\%VO_2max$)일 때는 혈중유리지방산(FFA)이 주로 근에너지원으로 사용되고, 고강도 운동($80\%VO_2max$)일 때는 근글리코겐이 주된 에너지원이 된다.

정답 01 : ③, 02 : ③, 03 : ②

필수문제

04 보기의 ㉠, ㉡에 들어갈 용어가 바르게 나열된 것은?

보기
지방의 베타(β) 산화는 중성지방으로부터 분리된 (㉠)이 미토콘드리아 내에서 여러 단계를 거쳐 (㉡)(으)로 전환되는 과정을 뜻한다.

	㉠	㉡
①	유리지방산(free fatty acid)	아세틸조효소-A(Acetyl CoA)
②	유리지방산(free fatty acid)	젖산(lactic acid)
③	글리세롤(glycerol)	아세틸조효소-A(Acetyl CoA)
④	글리세롤(glycerol)	젖산(lactic acid)

■ 지방은 탄수화물보다 화학적 결합과정이 길기 때문에 그 결합을 분해하여 에너지를 얻으려면 탄수화물보다 가공과정(화학적 반응)을 한 번 더 거쳐야 하는데, 그 과정이 지방의 베타 산화이다.
베타 산화에 의해 에너지로 사용되는 것은 유리지방산인데, 이것은 아세틸조효소-A로 전환되어 에너지로 사용된다.

필수문제

05 보기의 지방(fat)에 대한 설명 중 옳은 것으로만 묶인 것은?

보기
㉠ 지방은 유리지방산의 형태로 지방조직과 골격근 등에 저장된다.
㉡ 중성지방은 탄수화물이 고갈되더라도 에너지원으로 사용되지 않는다.
㉢ 중성지방은 리파아제(lipase)에 의해 지방산과 글리세롤(glycerol)로 분해된다.
㉣ 운동강도가 증가함에 따라 에너지 생산을 위한 주연료는 지방에서 탄수화물로 전환된다.

① ㉠, ㉡ ② ㉠, ㉣ ③ ㉡, ㉢ ④ ㉢, ㉣

■ ㉠ 지방은 중성지방 형태로 백색지방조직에 90% 이상 저장된다. 중성지방은 간과 근육에 저장되어 있고, 지단백(지질단백질) 형태로 혈액 내에도 존재한다.
■ ㉡ 운동강도가 증가하여 세포에 포도당이 부족해지면 세포는 에너지를 생성할 때 지방을 이용하게 된다.

심화문제

06 에너지 대사 측면에서 탄수화물과 지방의 특성을 잘못 설명한 것은?

① 지방은 산화를 통한 ATP 생산을 위하여 반드시 산소가 필요하다.
② 1그램의 지방은 약 9 kcal의 열량을 생산한다.
③ 포도당 1분자와 비교하여 지방 1분자가 생산하는 ATP의 양이 적다.
④ 탄수화물은 높은 운동강도에서 지방보다 선호되는 에너지원이다.

■ 포도당보다 지방이 생산하는 ATP의 양이 더 많다.

정답 04 : ①, 05 : ④, 06 : ③

■ 생체에너지 과정은 화학적 에너지를 기계적 에너지로 전환시키는 과정이다.

필수문제

07 인체운동에 관한 다음 설명에서 ( ) 안에 들어갈 단어를 올바른 순서대로 짝지어 놓은 것은?

보기

( ) 에너지를 ( ) 에너지로 전환시키는 생체 에너지 과정은 연속적인 화학작용에 의하여 조절된다.

① 화학적 : 기계적　　② 기계적 : 화학적
③ 물리적 : 전기적　　④ 전기적 : 물리적

필수문제

08 보기의 내용 중 옳은 것으로만 묶인 것은?

보기

㉠ 유산소 시스템 : 장시간의 운동 시 글루코스 외에도 유리지방산을 이용하여 ATP 합성
㉡ 유산소 시스템 : 세포질에서 크렙스회로와 전자전달계를 통해 ATP 합성
㉢ 무산소 해당 시스템 : 혈액 혹은 글리코겐으로부터 얻어진 포도당을 피루브산으로 분해
㉣ 무산소 해당 시스템 : 산화적 인산화를 통해 피루브산을 젖산으로 분해
㉤ ATP-PCr 시스템 : 세포 내 ADP 또는 Pi의 농도가 증가할 때 포스포프룩토키나아제(PFK)를 활성화시켜 ATP 합성
㉥ ATP-PCr 시스템 : 단시간의 폭발적인 힘을 발휘하는 운동 시 PCr이 분해되며 발생한 에너지를 이용하여 ATP 합성

① ㉠, ㉢, ㉥　　② ㉠, ㉣, ㉤　　③ ㉡, ㉢, ㉥　　④ ㉡, ㉣, ㉤

■ ㉡ 유산소 시스템(크렙스회로 또는 크렙스사이클)
- 산소가 충분히 공급될 때만 가동됨.
- 가장 늦게 동원되는 시스템이다.
- 오랜 시간(이론적으로는 무한히 긴 시간) 동안 ATP를 공급할 수 있다.
- 탄수화물과 지방을 연료로 사용한다.

■ ㉣ 무산소당분해(해당) 시스템(젖산과정)
- 당질(탄수화물)을 분해하는 과정이라는 뜻.
- 당분을 분해하면 젖산이 생기기 때문에 젖산시스템이라고도 하고, 무산소 시스템이다.
- ATP-PCr 시스템보다는 많고, 유산소 시스템보다는 적은 양의 ATP를 공급할 수 있다.
- 젖산은 근육의 피로를 유발시키는 물질이기도 하지만, 근육에서 간으로 이동시켜 저장하여두었다가 나중에 에너지원으로 사용한다.

■ ㉤ ATP-PCr 시스템(인원질과정)
- 아주 짧은 시간 내에 ATP를 공급할 수 있고, 무산소 시스템이다.
- 극히 제한된 시간(약 10초) 동안만 ATP를 공급할 수 있다.

정답　07 : ①, 08 : ①

심화문제

09 ATP를 합성하는데 사용되는 에너지원이 아닌 것은?

① 근중성지방 ② 비타민C ③ 글루코스 ④ 젖산

■ ATP합성에 사용되는 에너지
· 탄수화물 : 글루코스, 글리코겐
· 지방 : 지방산, 중성지방
· 단백질 : 아미노산
■ 비타민은 물질대사와 신체의 기능 조절에 필요한 영양소로, 에너지원으로 사용되지 않는다.

필수문제

10 일과 에너지의 단위에 대하여 설명한 것이다. 틀린 것은?

① 1N(뉴턴)의 힘을 들여서 1m(미터) 이동시키면 1N·m(뉴턴미터) 또는 1J(줄)의 일을 했다고 한다.
② 1kg(킬로그램)의 물체를 중력과 반대 방향으로 1m 올려놓으면 1kg중m (킬로그램 중 미터)의 일을 했다고 한다.
③ 영국의 물리학자 줄(Joule)이 물통에 있는 물을 계속 휘저었더니 물의 온도가 올라가는 것을 보고 한 일의 양과 생긴 열(에너지)의 양을 비교해보았더니 1J = 0.24cal이었다.
④ 일과 열의 단위는 달라야 한다.

■ 일과 열의 단위는 같아야 한다.

심화문제

11 일과 에너지의 관계를 설명한 것이다. 틀린 것은?

① 근육이 수축하여 분절 또는 몸 전체의 위치를 이동시키면 일을 했다 또는 운동을 했다고 한다.
② 근육이 수축하려면 영양소의 에너지를 이용해야 하므로 결국에는 영양소의 에너지를 소모해서 일을 한 것이다.
③ 에너지와 일을 맞바꾼 셈이므로 에너지와 일은 단위가 반드시 같아야 한다.
④ 일의 크기는 힘×속도로 계산한다.

■ 일의 크기는 '힘×거리'로 계산한다.

12 에너지대사의 효율을 계산하는 방법은?

① 한 일의 양 ÷ 사용한 에너지의 양 × 100 (%)
② 사용한 에너지의 양 ÷ 한 일의 양 × 100 (%)
③ 일률 × 시간 × 100 (%)
④ 소비한 산소의 양 ÷ 배출한 탄산가스의 양 × 100 (%)

■ A(사용할 에너지)를 사용해서 B(한 일)를 한다면 효율은 $\frac{B}{A}\times 100$ (%)로 계산한다.

13 파워에 대한 설명이다. 틀린 것은?

① 영어의 power를 한글로 번역한 것이 일률 또는 순발력이다.
② 일률은 '일하는 빠르기'라는 뜻이므로 '한 일÷걸린 시간'으로 계산하면 된다.
③ 그러므로 일률의 단위는 J/S이고, 1J/S=1W(와트)라고 한다.
④ 순발력은 '힘×속도'로 계산하므로 일률과 단위가 달라야 한다.

■ 큰 힘을 빠른 속도로 발휘하는 것을 순발력이 좋다고 한다. 순발력=힘×속도=N · m/s=J/S=W이므로 단위가 같다.

정답 09 : ②, 10 : ④, 11 : ④, 12 : ①, 13 : ④

필수문제

14 보기의 ㉠, ㉡에 들어갈 내용이 바르게 연결된 것은?

보기

1개의 포도당 분해에 따른 유산소성 ATP 생성		
대사적 과정	고에너지 생산	ATP 누계
해당작용	2 ATP	2
	2 NADH	7
피루브산에서 아세틸조효소A 까지	2 NADH	12
㉠	2 ATP	14
	6 NADH	29
	2 $FADH_2$	㉡
합계		㉡ ATP

	㉠	㉡		㉠	㉡
①	크랩스회로	32	②	β 산화	32
③	크랩스회로	35	④	β 산화	35

■포도당(글루코스) 한 분자가 2분자의 피루브산으로 분해되는 해당(당분해)과정에서 2ATP와 2NADH가 생성됨(자료의 책 그림 3-17).
■피루브산이 미토콘드리아로 들어가면서 아세틸조효소 A까지 2NADH가 됨(같은 책 그림 3-14 참조).
■하나의 크렙스회로에서 3NADH와 1개의 $FADH_2$가 생성됨. 그런데 해당과정에 의해 포도당 한 분자가 분해되면 2개의 피루브산이 생성되며, 따라서 2개의 크렙스회로가 돌기 때문에 총 6NADH와 2$FADH_2$가 생성됨.
■한 개의 $FADH_2$는 2ATP를 생성하지만(같은 책 그림 3-15), 미토콘드리아 내막에서 생성된 ATP를 세포질까지 이동시키기 위해 추가로 에너지가 소비되는데, 이것까지 고려하면 $FADH_2$는 1.5ATP로 계산할 수도 있음(같은 책 p. 109 '양성자펌프와 ATP생산량' 참조).
■이 문제에서는 2개의 $FADH_2$는 3ATP를 생산하는 것으로 계산한 것임. 그러므로 ATP생산량의 총누계는 32가 됨.
■자료 : 정일규(2023). 휴먼퍼포먼스와 운동생리학. 대경북스.

필수문제

15 생체 에너지 공급 시스템에 관한 설명으로 옳은 것은?

① 중성지방은 리파제(lipase)에 의해 글리세롤과 유리지방산으로 분해된다.
② ATP-PCr 시스템은 고강도 운동에 ATP를 공급하기 위해 젖산 탈수소효소(lactate dehydrogenase)가 활성화되어야 한다.
③ 3분 이상의 고강도 운동에는 지방에 저장되어 있는 글리코겐이 주요 기질로 사용된다.
④ 무산소성 대사에서 피르브산(pyruvate)이 젖산으로 전환되는 과정을 베타산화라 한다.

■② ATP-PCr 시스템에서는 근수축활동 중 ATP가 ADP와 Pi로 분해됨과 거의 동시에 PC가 크레아틴키나아제에 의해 Pi+ Creatine로 분해된다. 이때 PC가 분해되면서 방출되는 에너지는 ADP와 Pi를 결합시켜 ATP 재합성에 이용된다.
■③ 3분 이상의 고강도 운동에서는 지방에 저장되어 있는 유리지방산이 주요 기질로 사용된다(글리코겐은 근육에 저장되어 있다).
■④ 무산소성 대사에서 피르브산(pyruvate)이 젖산으로 전환되는 과정을 젖산시스템이라 한다(지방산의 대사를 베타산화라 한다).

정답 14 : ①, 15 : ①

심화문제

16 보기에서 설명하는 에너지 시스템은?

> 보기
> » 순간적인 고강도 운동을 위한 주요 에너지 시스템
> » 운동 시작 시기에 가장 빠르게 에너지를 생산하는 방법
> » 역도, 높이뛰기, 20m 달리기 등에 사용되는 주요 에너지 시스템

① ATP−PC 시스템 ② 무산소성 해당과정
③ 젖산 시스템 ④ 산화적 인산화

■ ATP−PCr(또는 ATP−PC) 시스템

17 운동을 하면 ATP−PCr 시스템이 맨 먼저 에너지원으로 사용되는 이유로 적합하지 않은 것은?

① 화학반응 과정이 가장 단순하기 때문에
② 산소의 공급이 없어도 되기 때문에
③ 근육 안에 저장되어 있기 때문에
④ 계속해서 사용할 수 있기 때문에

■ ATP−PCr 시스템에서는 극히 제한된 시간 동안만 ATP를 공급한다.

18 보기에서 괄호에 들어갈 용어를 바르게 연결한 것은?

> 보기
> 인체는 다음의 3가지 대사 경로를 통해 ATP를 생성한다. (㉠)과 (㉡)은/는 산소 없이도 일어날 수 있기 때문에 무산소 대사로 구분되며, (㉢)은 산소를 필요로 하기 때문에 유산소 대사로 구분된다.

① ㉠ 산화 시스템−㉡ ATP−PCr 시스템−㉢ 해당과정(젖산 시스템)
② ㉠ ATP−PCr 시스템−㉡ 해당과정(젖산 시스템)−㉢ 산화 시스템
③ ㉠ 해당과정(젖산 시스템)−㉡ 베타 산화−㉢ ATP−PCr 시스템
④ ㉠ ATP−PCr 시스템−㉡ 베타 산화−㉢ 해당과정(젖산 시스템)

■ 대사시스템(p. 7) 참조

19 운동 종목에 따른 근섬유 유형 및 에너지 대사에 관한 설명으로 옳은 것은?

① 장대높이뛰기 선수는 경기 시 ATP−PCr 시스템을 주로 사용한다.
② 100m 달리기 선수는 $\dot{V}O_2max$의 약 50% 수준으로 훈련해야 한다.
③ 마라톤 선수는 Type IIx의 근섬유를 많이 가지고 있다.
④ 10,000m 달리기 선수는 크레아틴 키나제(creatine kinase)의 활성도가 높다.

■ ② 100m 달리기 선수는 $\dot{V}O_2max$의 80~100% 수준으로 훈련해야 한다.
■ ③ 마라톤은 유산소 운동 형태이므로 Type I인 지근섬유가 많아야 한다.
■ ④ 크레아틴 키나제는 ATP−PCr시스템으로 단거리 선수에게 적합하다.

정답 16 : ①, 17 : ④, 18 : ②, 19 : ①

20 아래 그림은 운동을 지속하는 시간에 따라서 에너지공급 시스템의 기여도가 달라지는 것을 그래프로 그린 것이다. ㉠㉡㉢에 해당되는 에너지공급시스템으로 옳은 것은?

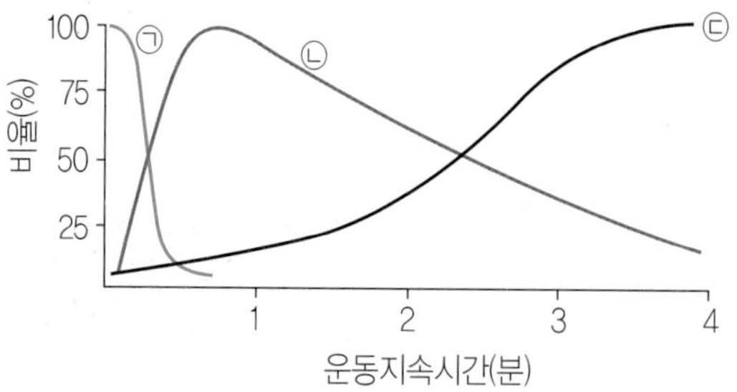

	㉠	㉡	㉢
①	유산소 시스템	당분해 시스템	ATP−PCr 시스템
②	ATP−PCr 시스템	유산소 시스템	당분해 시스템
③	ATP−PCr 시스템	당분해 시스템	유산소 시스템
④	당분해 시스템	ATP−PCr 시스템	유산소 시스템

■㉠은 ATP−PCr시스템이고, ㉡은 당분해(해당)시스템, ㉢은 유산소시스템이다(p. 7 참조).

21 무산소 당분해과정(해당과정)의 특성을 설명한 것 중 옳지 못한 것은?

① 피로감과 통증이 유발될 수 있다.
② 산소가 충분히 공급되지 않는 상태에서 일어난다.
③ 에너지원으로 지방을 사용한다.
④ 높은 강도의 운동을 할 때 사용된다.

■무산소당분해과정은 탄수화물(당질)을 분해해서 젖산으로 변화시키는 과정이다.

22 보기가 설명하는 에너지 생성 시스템은?

> 보기
> » 400m 전력 달리기 시 필요한 ATP 공급
> » 아데노신 이인산(ADP) 및 무기인산(Pi)에 의한 인산
> » 과당분해효소(Phosphofructokinase : PFK)의 활성
> » 대사분해에 의한 피루브산염(pyruvate)의 생성

① ATP−PC 시스템　② 해당작용(glycolysis) 시스템
③ 유산소 시스템　④ 단백질 대사

■100m 달리기는 ATP−PCr시스템, 400m는 해당(당분해)작용시스템, 800m 달리기는 유산소시스템

23 해당과정(glycolysis)에 관한 내용으로 옳은 것은?

① 전자전달계(electron transport chain)에서 ATP 생성
② H^+이 피루브산(pyruvate)과 결합하여 젖산 형성
③ 미토콘드리아에서 에너지를 생성하여 근육으로 전달
④ 단백질 합성을 통한 에너지 생성

■포도당을 분해하여 피루브산으로 변화시키는 과정을 해당과정(당분해과정)이라고 한다. 그 과정에서 2개의 ATP와 2개의 NADH가 생성된다.

정답　20 : ③, 21 : ③, 22 : ②, 23 : ②

24 당분해 시스템에 대한 설명 중 틀린 것은?

① 당분을 분해하는 과정이라는 뜻이다.
② 당분을 분해하면 젖산이 생기기 때문에 젖산시스템이라고도 한다.
③ ATP-PCr 시스템보다는 많고, 유산소 시스템보다는 적은 양의 ATP를 공급할 수 있다.
④ 젖산은 피로를 유발시키는 물질이기 때문에 생기는 즉시 버려야 한다.

■ 젖산은 근육에서 간으로 이동시켜 저장하여두었다가 나중에 에너지원으로 사용된다.

25 고강도 운동 중 젖산역치(LT)가 발생하는 원인으로 적절하지 않은 것은?

① 근육 내 산소량 감소
② 속근섬유 사용률 증가
③ 코리사이클(cori cycle) 증가
④ 무산소성 해당과정 의존율 증가

■ 코리사이클(젖산회로)은 근육에서 생산된 젖산을 간으로 보내서 다시 글루코스로 재생산하는 과정이다. 그러므로 젖산이 축적되지 않는다.

26 유산소 시스템의 특징으로 적절하지 않은 것은?

① 산소를 이용하여 에너지 기질을 분해한다.
② 장시간의 저강도 운동 시 사용된다.
③ 무산소 시스템에 비해 ATP 합성률이 빠르다.
④ 에너지 기질로 탄수화물과 지방을 모두 이용할 수 있다.

■ ATP 합성의 빠르기는 인원질과정→무산소 당분해 과정→유산소 과정의 순이다.

27 유산소 시스템에 대한 설명 중 틀린 것은?

① 산소가 충분히 공급될 때에만 가동되기 때문에 유산소 시스템이라고 한다.
② 가장 늦게 동원되는 시스템이다.
③ 오랜 시간 동안 ATP를 공급할 수 있다.
④ 탄수화물이나 지방보다는 인산염을 연료로 사용한다.

■ 유산소 시스템은 탄수화물과 지방을 주연료로 사용한다. 그리고 인산염은 ATP, ADP, AMP를 말한다.

28 유산소 시스템에 대한 설명으로 옳지 않은 것은?

① 일부 아미노산은 크렙스회로로 직접 진입할 수 있다.
② 이 과정은 크게 크렙스회로와 전자전달계로 구분된다.
③ 이 과정은 세포 내 소기관인 골지장치에서 산소를 이용하여 일어난다.
④ 크렙스회로는 주로 시트르산 탈수소효소에 의해 조절된다.

■ 골지장치가 아니고 미토콘드리아에서 산소를 이용하여 일어난다.

29 낮은 강도로 장시간 운동을 할 때 주 에너지공급 시스템은?

① 무산소 시스템
② 유산소 시스템
③ 젖산 시스템
④ ATP-PCr 시스템

정답 24 : ④, 25 : ③, 26 : ③, 27 : ④, 28 : ③, 29 : ②

필수문제

30 보기에서 에너지 공급 시스템에 관한 옳은 설명만으로 묶인 것은?

보기
㉠ 유산소 대사는 주 에너지 공급원으로 글루코스 외에도 유리지방산이 많이 이용되며 장시간의 운동을 수행할 때 주로 사용된다.
㉡ 유산소 대사는 미토콘드리아에서 크렙스회로(Krebs cycle)와 전자전달계(Electron Transport Chain)를 통해 이루어진다.
㉢ ATP-PCr 시스템은 빠르게 에너지를 공급하며, 마라톤과 같은 장시간 지속되는 운동의 주 에너지 시스템이다.
㉣ 피루브산은 무산소성 해당과정에서 생성되는 물질이다.

① ㉠, ㉡, ㉢　② ㉡, ㉢, ㉣
③ ㉠, ㉢, ㉣　④ ㉠, ㉡, ㉣

■ ㉢은 중간 정도의 시간이 걸리는 운동의 주에너지 공급시스템이다.

심화문제

31 주 에너지 공급 시스템이 다른 종목은?

① 100m 달리기　② 800m 수영
③ 다이빙　④ 역도

■ 800m 수영은 지구력이 필요한 운동이므로 유산소시스템이 주 에너지원이다.

32 고강도 운동 시 ATP 합성에 사용되는 주요 기질(substrate)로 적절한 것은?

① 산　② 지방
③ 근육 글리코겐　④ 근육 단백질

■ 고강도 운동을 하면 근육글리코겐이 ATP 합성에 주로 사용된다.

33 다음 중 ATP를 만들어서 공급하는 과정이 아닌 것은?

① ATP-PCr 시스템　② 당분해 시스템
③ 유산소과정 시스템　④ 호흡순환 시스템

■ ①②③에너지 공급 시스템이다. **호흡순환 시스템**은 산소를 공급하고 이산화탄소를 제거하는 시스템이다.

34 근육에 축적된 젖산을 가장 빨리 제거하려면?

① 침대에 누워서 쉰다.　② 땅바닥에 앉아서 쉰다.
③ 천천히 조깅을 한다.　④ 밥을 먹는다.

■ 젖산을 제거하는 시스템은 유산소과정인데, 여기에 적합한 것이 ③이다.

정답 30 : ④, 31 : ②, 32 : ③, 33 : ④, 34 : ③

35 **장기간 규칙적 유산소 훈련의 결과로 최대 운동 시 나타나는 심폐기능의 적응으로 옳은 것을 모두 고른 것은?**

보기
㉠ 최대산소섭취량 증가
㉡ 심장용적과 심근수축력 증가
㉢ 심박출량 증가

① ㉠, ㉡　　② ㉠, ㉢
③ ㉡, ㉢　　④ ㉠, ㉡, ㉢

■ 장기 유산소 트레이닝을 하면 보기와 같은 심폐기능이 향상된다.

36 **장기간 동안 무산소 트레이닝을 하였을 때 나타나는 효과를 설명한 것이다. 틀린 것은?**

① 근육섬유의 가로 단면적이 증가한다.
② ATP–PCr 시스템과 당분해과정 시스템에 관여하는 효소들이 많아지거나 활성화된다.
③ 최대근력이 증가한다.
④ 평소에 근육에 저장되어 있는 ATP와 PCr의 양이 감소한다.

■ 장기간 무산소트레이닝을 하면 근육이 비대해지고 근력이 증가하면 근육에 서장되어 있는 ATP와 PCr의 양이 증가한다.

37 **젖산에 대한 설명 중 틀린 것은?**

① 운동강도가 감소하면 혈액 속의 젖산농도도 감소한다.
② 무산소 대사과정에 의해서 ATP를 생산하면 젖산이 증가한다.
③ 마라톤 선수는 젖산이 전혀 축적되지 않는다.
④ 젖산이 축적되면 피로해지고 근육에 통증이 생긴다.

■ 젖산이 전혀 축적되지 않는 운동은 없다.

38 **혈액 중에 있는 글루코스의 양이 줄었을 때 그것을 보충하는 방법이 아닌 것은?**

① 근육에 있는 글리코겐을 분해　　② 간에 저장되어 있는 글리코겐을 분해
③ 아미노산을 분해　　④ 지방이나 젖산을 분해

■ 아미노산을 분해한다는 것은 단백질을 연료로 사용한다는 말과 같다.

39 **체내 주요 영양소의 에너지 대사에 대한 설명으로 옳지 않은 것은?**

① 포도당은 근육 및 간에서 글리코겐의 형태로 저장될 수 있다.
② 지방산은 베타산화(β–oxidation)를 거쳐 ATP 생성에 사용된다.
③ 단백질은 근육의 구성 물질로서 에너지 대사과정에 주로 사용된다.
④ 포도당과 지방은 서로 전환되어 에너지원으로 사용되기도 한다.

■ 극한적인 상황에서만 단백질을 에너지원으로 사용한다.

정답　35 : ④, 36 : ④, 37 : ③, 38 : ③, 39 : ③

필수문제

40 안정 시와 운동 중 에너지 소비량 측정 및 추정에 관한 설명으로 옳지 않은 것은?

① 직접 열량 측정법은 열 생산을 측정함으로써 에너지 소비량을 측정한다.
② 간접 열량 측정법은 산소 소비량과 이산화탄소 배출량을 이용하여 에너지 소비량을 추정한다.
③ 호흡교환율은 질소 배출량과 산소 소비량의 비율을 의미하며, 체내 지방과 단백질의 대사 이용 비율을 추정한다.
④ 이중표지수(doubly labeled water) 검사법은 동위원소 기법을 사용해 에너지 소비량을 추정한다.

■③ 호흡교환율=이산화탄소생성량(VCO_2)÷산소섭취량(VO_2)으로 계산함.
■열량측정법 : 인체의 대사에 의해 발생된 열의 양을 정량화하는 방법으로, ① 직접측정법과 ② 간접측정법(측정기로 측정하여 산정함)이 있다.
■④ 이중표지수법 : 동위원소가 들어간 물을 마신 다음 소변으로 배출된 수소와 산소 흐름에서 에너지소비로 생겨난 이산화탄소의 양을 계산하는 방법. 가장 정확한 일일에너지측정법임.

심화문제

41 호흡교환율(Respiratory Exchange Ratio: RER)에 대한 설명으로 옳지 않은 것은?

① 지방산인 팔미틱산(palmitic acid)을 100% 사용할 때 RER은 0.7 정도이다.
② 운동의 강도가 올라가면 RER은 증가한다.
③ 탄수화물 산화가 지방 산화보다 많은 산소를 필요로 한다.
④ RER은 호흡 중 이산화탄소 생성량과 산소소비량의 비율에 의해 결정된다.

■운동의 에너지원으로 탄수화물만 사용하면 RER이 1이고, 지방만 사용하면 RER이 0.7이다. 장시간 운동에는 주로 지방을 에너지원으로 사용하고, 단시간 운동에는 주로 탄수화물을 에너지원으로 사용한다(p. 8 참조).

42 운동 중 호흡교환율(Respiratory Exchange Ratio : RER)이 보기와 같을 때 옳지 않은 설명은?

보기
호흡교환율(RER)=1

① 상대적으로 낮은 강도의 운동을 수행하고 있다.
② 주 에너지 대사연료로 탄수화물을 사용하고 있다.
③ 지방은 에너지 생성 대사에 거의 사용되지 않고 있다.
④ 혈중 젖산 농도가 안정 시보다 높다.

■탄수화물만 에너지원으로 사용하면 호흡교환율이 1이다.
■고강도 운동을 하여야 탄수화물을 주에너지원으로 사용한다.

43 호흡교환율에 대한 설명이다. 틀린 것은?

① 호흡할 때 소비한 산소의 양과 생성된 탄산가스의 양의 비율이다.
② 똑같은 양의 산소를 소비하면 지방보다 탄수화물을 더 많이 분해할 수 있다.
③ 운동에 필요한 에너지를 탄수화물을 분해해서 조달했는지, 지방을 분해해서 조달했는지 짐작할 수 있다.
④ 호흡교환률은 항상 일정하다.

■고강도의 운동을 할수록 호흡교환율(호흡률)이 커진다.

정답 40 : ③, 41 : ③, 42 : ①, 43 : ④

44 호흡교환율(Respiratory Exchange Ratio: RER)이 보기와 같을 때의 생리적 현상에 대한 설명으로 가장 적절한 것은?

> 보기
>
> 호흡교환율(RER) = 0.8

① 이산화탄소 생성량이 산소 소비량보다 많다.
② 에너지 대사의 주 연료로 지방을 사용하고 있다.
③ $\dot{V}O_2max$ 80% 이상의 고강도 운동을 수행하고 있다.
④ 에너지 대사의 연료로 탄수화물은 전혀 사용되지 않고 있다.

■ 호흡교환율이 0.8이면 탄수화물을 33%, 지방을 67% 사용하고 있다. 호흡교환율(p. 8) 참조.

필수문제

45 장기간 동안 유산소 트레이닝을 하였을 때 신체가 적응해서 생기는 변화(효과)를 설명한 것이다. 틀린 것은?

① 최대산소섭취량이 감소한다.
② 심장의 일회박출량이 증가한다.
③ 지근(서근)섬유가 비대해진다.
④ 근육조직에 있는 모세혈관이 많아진다.

■ 장기간 유산소트레이닝을 하면 최대산소섭취량이 증가한다.

심화문제

46 점증부하운동으로 유산소성 기능을 비교하려고 한다. 비훈련자와 비교하여 유산소성 트레이닝으로 단련된 훈련자의 생리학적 현상은?

① 젖산역치가 늦게 발생　　② 동일 운동강도에서 높은 심박수
③ 운동 지속시간의 감소　　④ 최대산소섭취량에 늦게 도달한다.

47 장기간의 규칙적인 유산소 훈련에 따른 생리적 적응 현상으로 적절하지 않은 것은?

① 근섬유의 항산화능력 향상　　② 지근섬유의 속근섬유로의 전환
③ 근섬유의 미토콘드리아 밀도 증가　　④ 최대하운동 중 지방대사능력의 향상

■ 지근섬유가 속근섬유로 전환되는 것은 무산소훈련에 의한 생리적 적응현상이다.

48 유산소 트레이닝에 대한 생리적 적응 결과 중 틀린 것은?

① 근육의 유산소대사능력이 향상된다.
② 산소를 운반하는 능력이 향상된다.
③ 탄수화물을 더 많이 사용하게 된다.
④ 근육에 저장하고 있는 글리코겐의 양이 증가된다.

■ 유산소 트레이닝은 지방을 더 많이 사용하게 된다.

정답　44 : ②, 45 : ①, 46 : ①, 47 : ②, 48 : ③

■ ㉠ 저항성 트레이닝은 조골세포의 활동을 자극함과 동시에 골의 칼슘유입을 촉진하여 골무기질 함량을 증가시킨다.
■ ㉡ 저항성 트레이닝으로 단백질의 합성과 이화가 함께 증가하는데, 합성속도가 이화속도보다 빠르기 때문에 액틴 단백질의 양을 증가시킨다.

■ ㉢ 지구성 트레이닝을 하면 심장의 확장기말 용적의 증가로 1회 박출량이 증가한다.
■ ㉣ 지구성 트레이닝을 하면 1회 박출량이 증가하므로 심박수가 감소하게 된다.
■ ㉠, ㉡ 지구성 트레이닝을 하면 1회 박출량이 증가하여 심장의 확장기말 용적을 증가시키고, 수축기말 용적을 감소시킨다.

■ 무산소 트레이닝을 하면 근육의 가로단면적이 증가하고, 최대 근력이 향상된다.

■ 무산소 트레이닝을 하면 속근섬유의 비대가 현저해진다.

49 보기 중 저항성 트레이닝 후 생리적 적응으로 적절한 것을 모두 고른 것은?

보기
㉠ 골 무기질 함량 증가
㉡ 액틴 단백질 양 증가
㉢ 시냅스 소포 수 감소
㉣ 신경근접합부 크기 감소

① ㉠　② ㉠, ㉡　③ ㉠, ㉡, ㉢　④ ㉠, ㉡, ㉢, ㉣

50 보기 중 지구성 트레이닝 후 1회 박출량(stroke volume) 증가에 기여하는 요인으로 적절한 것만 나열된 것은?

보기
㉠ 동일한 절대 강도 운동 시 확장기말 용적(end-diastolic volume) 감소
㉡ 동일한 절대 강도 운동 시 수축기말 용적(end-systolic volume) 증가
㉢ 동일한 절대 강도 운동 시 확장기(diastolic) 혈액 충만 시간 증가
㉣ 동일한 절대 강도 운동 시 심박수 감소

① ㉠, ㉡　② ㉠, ㉢　③ ㉡, ㉢　④ ㉢, ㉣

필수문제

51 장기간 동안의 트레이닝의 효과에 대한 설명이다. 옳지 않은 것은?

① 유산소 트레이닝 : 미토콘드리아의 활성을 증가시킨다.
② 유산소 트레이닝 : 모세혈관의 밀도를 증가시킨다.
③ 무산소 트레이닝 : ATP와 PCr의 저장량을 증가시킨다.
④ 무산소 트레이닝 : 근육 내의 지방량을 증가시킨다.

심화문제

52 다음 중 옳지 않은 것은?

① 인체의 에너지원에는 탄수화물, 지방, 단백질이 있다.
② 많이 사용되는 에너지원은 탄수화물과 지방이다.
③ 안정상태나 강도가 낮은 운동을 할 때는 지방이 주 에너지원이다.
④ 장기간 동안 트레이닝을 하면 근육에 지방이 축적된다.

53 무산소 트레이닝에 대한 생리적 적응 결과가 아닌 것은?

① 크레아틴 분해효소의 활성이 증가한다.　② ATP와 PCr의 저장량이 증가한다.
③ 지근섬유의 비대가 현저해진다.　④ 속근섬유의 비대가 현저해진다.

54 지구력 트레이닝에 대한 생리적 적응 결과로 옳지 않은 것은?

① 안정 시 심박수의 증가　② 최대 산소섭취량의 증가
③ 미토콘드리아 수의 증가　④ 모세혈관의 밀도 증가

정답　49 : ②, 50 : ④, 51 : ④, 52 : ④, 53 : ③, 54 : ①

필수문제

55 체중이 80kg인 사람이 10METs로 10분간 달리기 했을 때 소비칼로리는? (단, 1MET = 3.5㎖·kg^{-1}·min^{-1}, O_2 1L 당 5Kcal 생성)

① 130Kcal ② 140Kcal ③ 150Kcal ④ 160Kcal

■ 분당에너지소비량= $\frac{10Mets \times 3.5ml \cdot kg^{-1} \cdot m^{-1} \times 80kg}{200}$ =14kcal/min
■ 10분 간 에너지소비량=14×10=140kcal
※대사방정식= $\frac{10Mets \times 3.5 \times 체중}{200}$

필수문제

56 보기의 최대산소섭취량 공식에서 장기간 지구성 훈련에 의해 증가되는 요소를 모두 고른 것은?

보기
최대산소섭취량 = ㉠최대1회박출량×㉡최대심박수×㉢최대동정맥산소차

① ㉠ ② ㉠, ㉡ ③ ㉠, ㉢ ④ ㉡, ㉢

■ 유산소 트레이닝에 의한 최대산소섭취량 증가 요인
· 동정맥산소차
· 최대심박출량
· 1회박출량

심화문제

57 최대 산소섭취량을 결정하는 요인이 아닌 것은?

① 심박수 ② 혈압 ③ 1회박출량 ④ 동정맥산소차

■ 혈압 자체는 산소섭취량과 관계가 없다.

필수문제

58 보기에서 설명하는 트레이닝의 원리는?

보기
» 트레이닝의 효과는 운동에 동원된 근육에서만 발생한다.
» 근력 향상을 위해서는 저항성 트레이닝이 적합하다.

① 특이성의 원리 ② 가역성의 원리 ③ 과부하의 원리 ④ 다양성의 원리

■ 특이성의 원리 : 운동의 효과는 근육수축의 형태에 따라 운동할 때 사용한 근육에만 영향을 미친다는 것
■ 가역성의 원리 : 과부하가 되지 않았거나 운동을 중지할 때 운동능력이 빠르게 감소하는 것
■ 개별성의 원리 : 신체기관의 기능은 훈련의 종류에 따라 향상시킬 수 있는 부위가 다르다는 것
■ 과부하의 원리 : 운동강도 · 시간 · 빈도가 일상생활에서의 활동 수준을 넘어야 신체조직이나 계통에 충분한 자극을 줄 수 있다는 것
■ 다양성의 원리 : 운동에 대한 흥미를 높이고 참여도를 극대화하기 위해 다양한 운동종목과 프로그램을 계획하는 것

심화문제

59 보기에서 설명하는 운동훈련의 원리는?

보기
» 운동훈련에 의한 효과는 운동량이 일상생활 수준보다 높을 때 일어난다.
» 운동량은 운동의 빈도, 강도 또는 지속시간을 증가시킴으로써 늘릴 수 있다.

① 가역성의 원리 ② 개별성의 원리 ③ 과부하의 원리 ④ 특이성의 원리

정답 55 : ②, 56 : ②, 57 : ②, 58 : ①, 59 : ③

CHAPTER 03 신경조절과 운동

신경계통

1 신경계통의 분류

2 중추신경계통의 분류

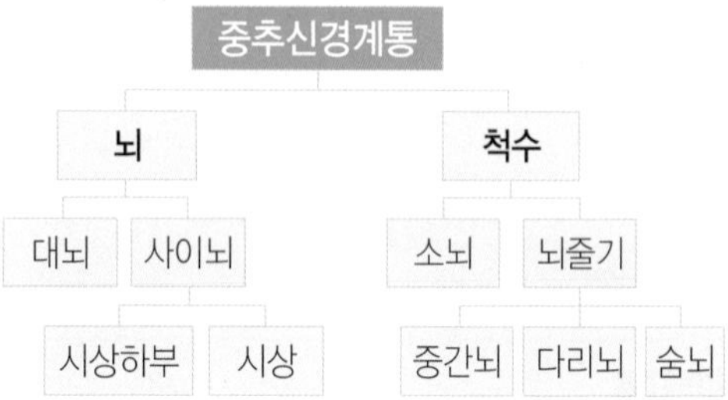

3 대뇌

☞ 대뇌는 좌반구와 우반구로 구성되어 있다.
☞ 대뇌는 이마엽, 관자엽, 두정엽, 뒤통수엽으로 구성되어 있다.
☞ 대뇌는 겉질과 속질로 구성되어 있다.
☞ 대뇌는 감각령, 연합령, 운동령으로 구성되어 있다.
☞ 대뇌에서 수의 운동의 운동명령이 만들어진다.

4 사이뇌

☞ 시상과 시상하부로 구성되어 있다.
☞ 후각을 제외한 모든 감각을 통합조절하는 중추이다.
☞ 시상하부는 자율신경계통의 최상위 중추이다.

5 소뇌

☞ 두 개의 반구로 구성되어 있다.
☞ 우리 몸의 평형과 운동 및 자세를 조절한다.
☞ 운동이 대뇌에서 계획한대로 수행되도록 피드백 기구를 구성한다.

6 뇌줄기

☞ 중간뇌, 다리뇌(뇌교), 숨뇌(연수)로 구성되어 있다.
☞ 척수와 직접 연결되어 있다.
☞ 중간뇌에는 신경전달물질을 분비하는 신경세포들이 모여 있다.
☞ 숨뇌는 생명활동(심장운동, 호흡운동 등)의 중추이다.

7 척수

☞ 감각신경과 운동신경이 모두 들어있다.
☞ 척수의 피질은 백색질(신경섬유)이고, 속질은 회색질(신경세포체)이다.
☞ 대뇌는 겉질이 회색질이고, 속질이 백색질이다.
☞ 신경이 지나가는 길을 신경로라 하고, 상행신경로와 하행신경로가 구분되어 있다.

8 말초신경계통

☞ 뇌와 척수 외의 신경계통을 모두 합한 것이다.
☞ 수용기와 중추신경계를 연결하는 구심성신경을 감각신경이라 한다.
☞ 중추의 명령을 하부기관으로 전달하는 원심성신경을 운동신경이라 한다.

9 자율신경계통

☞ 심장의 운동, 내장의 운동, 호르몬 분비 등 불수의적 역할을 지배한다.
☞ 중추신경계통과 말초신경계통에 모두 있다.
☞ 효과기의 활동을 촉진시키는 역할을 하는 것을 교감신경이라 하고, 말단에서 에피네프린과 노르에피네프린과 같은 신경전달물질을 분비한다.
☞ 효과기의 활동을 억제하는 역할을 하는 것을 부교감신경이라 하고, 말단에서 아세틸콜린이라는 신경전달물질을 분비한다.
☞ 중추와 골격근 사이를 연결하는 신경을 몸신경계통(체성신경계통)이라 하고, 말단에서 아세틸콜린이라는 신경전달물질을 분비한다.

신경세포의 구조와 기능

1 뉴런(신경세포)의 구조

☞ 뉴런은 세포체, 가지돌기, 축삭돌기로 구성되어 있다.
☞ 세포체는 주로 뉴런의 생명을 유지시키는 역할을 한다.
☞ 가지돌기는 주로 신호를 받아들이는 역할을 한다.
☞ 축삭돌기는 주로 신호를 내보내는 역할을 한다.

2 뉴런의 기능

☞ 받아들인 정보를 전달하거나 억제시킨다.
☞ 신경아교세포는 뉴런의 위치를 유지시키고, 화학물질을 공급하는 역할을 한다.
☞ 말이집을 만드는 세포에는 아교세포(중추신경)와 슈반세포(말초신경)가 있다.
☞ 말이집(수초)으로 감싸진 신경축삭의 결절을 랑비에결절이라 하고, 도약전도가 일어난다.
☞ 활동전위가 축삭의 끝에 도착하면 신경전달물질이 분비된다.

3 뉴런의 전기활동

☞ 안정 시에는 신경세포의 세포막 안과 밖이 약 −70mV로 분극 되어 있다.
☞ 안정 시에 막전위가 유지되는 것은 칼륨−나트륨 이온펌프 때문이다.
☞ 역치 이상의 전기자극이 오면 막전위가 약 +30mV로 변하는 것을 탈분극이라 한다.

- ☞ 탈분극이 된 다음 약 1msec가 지나면 다시 분극상태로 돌아가는 것을 재분극이라고 한다.
- ☞ 탈분극 되는 위치가 조금씩 뉴런의 말단 방향으로 이동하는 것을 신경전도라고 한다.

4 안정 시 뉴런의 세포막전위

- ☞ 세포막의 안쪽에는 K^+, 바깥쪽에는 Na^+의 농도가 높다.
- ☞ Na^+보다 K^+의 세포막 투과성이 높다.
- ☞ 세포막은 안과 밖의 이온농도를 동일하게 유지하려는 성질이 있지만 이온펌프 때문에 불균형하게 분포되어 있다.
- ☞ 세포막전위를 −70mV 정도로 유지시킨다.

5 시냅스

- ☞ 신경과 신경 사이의 틈새를 시냅스라고 한다.
- ☞ 시냅스에 분비되는 물질을 신경전달물질이라고 한다.
- ☞ 신경전달물질을 통해서 신호가 전달될 수도 있고 억제될 수도 있다.

6 신경계통의 특성

흥분성	뉴런의 정보는 시냅스를 통해서 한 방향으로 전달되고, 전달하는 쪽을 시냅스 전, 전달받는 쪽을 시냅스 후라고 한다. 시냅스 후 전위가 억제성이면 정보가 더 이상 전달되지 않고, 흥분성이면 시냅스 후막을 탈분극 시켜서 정보가 전달된다.
전달성	뉴런과 다른 세포(예; 근육세포) 사이에 정보를 전달하는 것이다.
통합성	흥분성 시냅스와 억제성 시냅스의 상호작용 효과를 통합 또는 가중(summation)이라고 한다.

신경계통의 운동기능 조절

1 운동단위

- ☞ 한 개의 운동신경섬유와 거기에 붙어 있는 근육섬유를 합한 것을 운동단위라고 한다.
- ☞ 한 개의 운동 단위에는 같은 형태의 근육섬유만 붙어 있다.
- ☞ 운동단위에 속해 있는 근육섬유의 수에 따라서 운동단위의 크기가 결정된다.
- ☞ 큰 운동단위는 근육섬유가 많이 붙어있기 때문에 수축력도 크다.
- ☞ 눈동자를 움직이는 운동단위가 인체에서 가장 작은 운동단위이다.

2 인체의 기능과 운동의 조절

- ☞ 인체의 기능과 운동은 신경계통과 호르몬이 조절한다.
- ☞ 신경계통은 짧은 시간 내에, 호르몬은 천천히 오랫동안 신체의 기능을 조절한다.
- ☞ 신경계통은 대부분 부적피드백에 의해서 정상치와 다른 것을 정상치로 되돌린다.
- ☞ 주동근을 촉진하고 길항근을 억제해서 운동을 조절하는 것을 상호억제라고 한다.
- ☞ 근육방추는 근육의 길이 변화를 감지하고, 골지힘줄기관은 근육의 장력을 감지한다.
- ☞ 과도하게 펴거나 굽혀서 근육이 손상되는 것을 방지하는 것은 골지힘줄기관이다.
- ☞ 신전반사나 도피반사와 같이 무의식적으로 일어나는 반사도 피부나 관절을 보호하기 위한 장치의 하나이다.

필수 및 심화 문제

필수문제

01 다음 설명 중 틀린 것은?

① 신경계통은 혈액을 통해서 인체의 기능을 조절한다.
② 신경계통은 한 부위에 일시적으로 신속하게 작용한다.
③ 내분비계통은 호르몬을 통해서 인체의 기능을 조절한다.
④ 내분비계통은 표적기관에 오랫동안 천천히 작용한다.

■ 신경계통은 감각기관에서 받아들이는 다양한 정보를 통해 우리 몸의 항상성을 유지하고, 운동기능을 조절한다.

필수문제

02 신경계통의 분류가 잘못된 것은?

① 중추신경계통 : 말초신경계통　② 감각신경계통 : 운동신경계통
③ 자율신경계통 : 몸신경계통　④ 교감신경계통 : 말초신경계통

■ 신경계통을 중추신경계통과 말초신경계통으로 나누고, 말초신경계통은 감각신경계통과 운동신경계통으로 나누고, 운동신경계통은 자율신경계통과 몸(체성)신경계통으로 나누며, 자율신경계통은 교감신경계통과 부교감신경계통으로 나눈다.

필수문제

03 보기의 ㉠, ㉡에 들어갈 용어를 바르게 나열한 것은?

보기
» 신경계는 중추신경계(CNS)와 말초신경계(PNS)로 구분된다.
» 말초신경계 중, 자율신경계(autonomic nervous system)는 '흥분성'의 (㉠)과 '억제성'의 (㉡)으로 구분된다.

	㉠	㉡		㉠	㉡
①	교감신경	부교감신경	②	부교감신경	교감신경
③	원심성신경	구심성신경	④	구심성신경	원심성신경

■ **교감신경** : 운동·스트레스 상황·긴급상황에 대비하여 인체가 에너지를 활발하게 소비하게 함.
■ **부교감신경** : 정상적·휴식 상태에서 작용함.

심화문제

04 운동이나 스트레스 상황 또는 긴급상황이 발생했을 때 인체가 에너지를 활발하게 소비하도록 촉진시키는 신경계통은?

① 교감신경계통　② 부교감신경계통
③ 구심성신경계통　④ 원심성신경계통

■ 교감신경의 끝부분에서 노르에피네프린이 분비된다.

정답　01 : ①, 02 : ④, 03 : ①, 04 : ①

■교감신경계가 활성화되면 심박수를 높이고, 혈압이 상승하며, 호흡수를 증가시킨다.

05 운동 시 교감신경계의 활성화에 따른 반응으로 적절하지 않은 것은?

① 골격근의 혈류량이 증가한다.
② 심박수가 증가한다.
③ 소화기계 활동이 증가한다.
④ 호흡수 및 가스교환율이 증가한다.

■원심성 신경계통은 교감신경 · 부교감신경 · 운동신경이고, 구심성 신경계통은 감각신경이다.

06 구심성 신경계통과 똑같은 것은?

① 감각신경계통
② 운동신경계통
③ 자율신경계통
④ 교감신경계통

07 보기에서 설명하는 역할을 하는 것은?

> 보기
> 안정 시 또는 휴식 시에 활성화된다.
> 심박수 감소, 심장동맥 수축, 기관지 수축 등의 역할을 한다.

■흥분하면 교감신경이, 안정하면 부교감신경이 활성화된다.

① 몸신경계통
② 내장신경계통
③ 교감신경계통
④ 부교감신경계통

08 신경계통에 대한 설명 중 틀린 것은?

■**원심성신경** : 교감신경, 부교감신경, 운동신경
■**구심성신경** : 감각신경

① 중추신경계통은 뇌와 척수로 구성된다.
② 말초신경계통은 감각신경계통과 운동신경계통으로 나눈다.
③ 감각신경은 원심성신경이고, 운동신경은 구심성신경이다.
④ 운동신경계통 중에서 몸신경은 수의운동, 자율신경은 불수의운동을 담당한다.

09 일반적으로 교감신경은 노르에피네프린을 방출하여 기관을 흥분시키고, 부교감신경은 (　　)을 방출하여 기관을 억제하려는 경향이 있다.

① 에피네프린
② 아세틸콜린
③ 카테콜아민
④ 에스트로겐

10 보기의 괄호 안에 들어갈 알맞은 용어는?

> 보기
> 자율신경계는 신체의 내부 환경을 일정하게 유지하는 항상성(homeostasis) 조절에 중요한 역할을 한다. 예를 들어 (　　)가 활성화되면 심박수 및 혈압이 증가된다.

■심박수 및 혈압은 교감신경계는 증가시키고, 부교감신경계는 감소시키는 역할을 한다.

① 감각신경계
② 체성신경계
③ 교감신경계
④ 부교감신경계

정답 05 : ③, 06 : ①, 07 : ④, 08 : ③, 09 : ①, 10 : ③

필수문제

11 중추신경계통의 분류가 잘못된 것은?

① 중추신경계통 : 뇌－척수 ② 뇌 : 대뇌－소뇌
③ 척수 : 소뇌－뇌줄기 ④ 사이뇌 : 시상－시상하부
⑤ 뇌줄기 : 중간뇌 - 다리뇌 - 숨뇌

■ 뇌는 대뇌와 사이뇌(간뇌)로 나눈다.

필수문제

12 보기에서 설명하는 중추신경계 기관은?

보기
» 시상과 시상하부로 구성된다.
» 시상은 감각을 통합 · 조절한다.
» 시상하부는 심박수와 심장 수축, 호흡, 소화, 체온, 식욕 및 음식 섭취를 조절한다.

① 간뇌(diencephalon) ② 대뇌(cerebrum)
③ 소뇌(cerebellum) ④ 척수(spinal cord)

■ 사이뇌(간뇌) : 대뇌 반구에 둘러싸여 뇌의 중앙에 있으며, 시상, 시상하부, 뇌하수체로 구성된다.
■ 시상 : 감각의 연결 중추. 후각을 제외한 모든 감각정보를 종합하여 대뇌겉질로 전달.
■ 시상하부 : 시상 아래에 있음. 체온조절, 체액 및 전해질 균형 조절(갈증중추), 식욕 조절(식욕중추) 등 항상성 유지에 관여함. 내분비계와 자율신경계의 기능 조절.
■ 뇌하수체 : 시상하부에 있는 작은 기관. 각종 호르몬 생성 · 분비.

심화문제

13 자율신경계통에서 최상위 중추는?

① 대뇌 ② 소뇌
③ 시상 ④ 시상하부

■ 시상과 시상하부를 합쳐서 사이뇌라고 하지만, 시상은 자율신경계통의 중추가 아니다.

14 중추신경계통에 속해 있으며 뇌의 역할을 조절하는 중요한 역할을 수행하며, 갈증, 체온조절, 혈압, 수분 균형 및 내분비계의 활동 등을 조절하면서 항상성을 유지하는 역할을 하는 부위는?

① 척수 ② 시상하부
③ 소뇌 ④ 대뇌피질

15 감각을 통합하고 조절하는 중추는?

① 사이뇌 ② 소뇌 ③ 뇌줄기 ④ 숨뇌

정답 11 : ②, 12 : ①, 13 : ④, 14 : ②, 15 : ①

■대뇌가 운동명령을 내리면 소뇌는 운동명령을 만드는 것이 아니라 운동을 실천에 옮길 때 그것을 조절한다.

필수문제

16 수의운동의 운동명령을 만드는 곳은?

① 대뇌　② 소뇌　③ 척수　④ 뇌줄기

심화문제

■통합기능은 무조건 대뇌에서 담당한다.

17 우리 몸에서 감각, 운동, 통합의 기능을 담당하는 기관은?

① 대뇌　② 소뇌　③ 뇌줄기　④ 척수

18 다음 중 틀린 것은?

■대뇌는 이마엽, 관자엽, 두정엽, 뒤통수엽으로 구성되어 있다.

① 대뇌는 좌반구와 우반구로 구성되어 있다.
② 대뇌는 이마엽, 중간엽, 뒤통수엽으로 구성되어 있다.
③ 대뇌는 겉질과 속질로 구성되어 있다.
④ 대뇌는 감각령, 연합령, 운동령으로 구성되어 있다.

필수문제

19 운동 중 소뇌의 기능에 대한 설명으로 옳은 것을 모두 고른 것은?

보기
㉠ 골격근 운동 조절의 최종 단계 역할
㉡ 빠른 동작의 정확한 수행을 위한 통합 조절
㉢ 고유수용기로부터 유입되는 정보를 활용하여 동작 수정

■소뇌는 골격근과 대뇌겉질 운동중추의 중간에서 중재자 역할을 한다.

① ㉠, ㉡　② ㉠, ㉢　③ ㉡, ㉢　④ ㉠, ㉡, ㉢

필수문제

20 뇌(brain)에서 보기의 기능을 모두 가진 영역은?

보기
㉠ 골격근 기능의 조절　㉡ 근 긴장 유지
㉢ 심혈관계와 호흡계의 기능조절　㉣ 의식상태의 결정(각성과 수면)

■뇌줄기는 숨뇌(연수)·다리뇌(교뇌)·중간뇌로 구성되어 있다. 그 기능은 골격근기능 조절, 근 긴장 유지, 의식상태 결정, 호흡조절, 혈압조절, 평형조절, 심폐기능 조절, 위기능 조절 등이다.

① 사이뇌(간뇌, diencephalon)　② 소뇌(cerebellum)
③ 바닥핵(기저핵, basal ganglia)　④ 뇌줄기(뇌간, brainstem)

정답 16 : ①, 17 : ①, 18 : ②, 19 : ①, 20 : ④

심화문제

21 **다음 중 척수와 직접 연결되어 있는 것은?**

① 소뇌 ② 사이뇌 ③ 뇌줄기 ④ 시상하부

22 **생명활동(심장운동, 호흡운동 등)의 중추는?**

① 소뇌 ② 숨뇌 ③ 사이뇌 ④ 시상하부

■ 숨뇌 : 숨쉬기를 관장한다.

23 **대뇌의 우반구로 통하는 신경과 좌반구로 통하는 신경이 서로 교차되는 곳은?**

① 숨뇌 ② 사이뇌 ③ 다리뇌 ④ 중간뇌

필수문제

24 **보기의 내용을 특징으로 하는 말초신경계 고유감각수용기는?**

보기
» 수용기가 활성화되면 주동근의 수축을 억제함
» 저항성 운동에 중요한 역할을 함
» 근육 수축을 통해 발생되는 장력 변화 감지함
» 장력을 억제하여 잠재적 위험성을 감소시키는 보호 및 안전장치 역할을 함

① 운동단위(motor unit) ② 골지건기관(Golgi tendon organ)
③ 화학수용기(chemoreceptor) ④ 온도수용기(thermoreceptor)

■ 골지건(골지힘줄)기관
· 근육의 양끝에 있는 힘줄(건)에 존재하는 기관.
· 신장성 수축이나 단축성 수축을 할 때 건 · 근육의 긴장에 민감하게 반응하여 장력을 수용하는 수용기.
· 근에 장력이 발생하여 역치에 이르면 골지건기관이 활성화되고, 주동근의 수축력이 과하게 높을수록 골지건기관의 반응도 높아짐.

■ 화학수용기는 냄새와 맛을 감지한다.

심화문제

25 **보기의 괄호 안에 들어가야 할 적당한 단어는?**

보기
(㉠)은(는) 근육의 길이 변화를 감지하고 (㉡)은(는) 근육의 장력을 감지한다. 결과적으로 주동근의 수축을 억제하고 대항근의 이완을 촉진하는 것은 (㉢)이다.

① ㉠근육방추 ㉡골지힘줄기관 ㉢골지힘줄기관
② ㉠근육방추 ㉡골지힘줄기관 ㉢근육방추
③ ㉠골지힘줄기관 ㉡근육방추 ㉢근육방추
④ ㉠골지힘줄기관 ㉡근육방추 ㉢골지힘줄기관

정답 21 : ③, 22 : ②, 23 : ①, 24 : ②, 25 : ①

26 **모든 감각정보를 중추로 전달하고, 중추의 명령을 하부기관으로 전달하는 신경계통을 무엇이라고 하는가?**

■감각 · 운동 · 몸 · 교감 · 부교감신경계통 등은 말초신경계통의 일부이다.

① 감각신경계통 ② 운동신경계통
③ 말초신경계통 ④ 몸신경계통

27 **뇌와 척수 외의 신경계통을 모두 합해서 무엇이라고 하는가?**

■뇌와 척수 외의 모든 신경계통은 말초신경계통이다.

① 말초신경계통 ② 운동신경계통
③ 감각신경계통 ④ 교감신경계통

28 **말초신경계통에 대한 설명으로 옳지 않은 것은?**

■뇌와 척수로 구성되는 것은 중추신경계통이다.

① 뇌와 척수로 구성된다. ② 불수의적인 생리적 기능을 조절한다.
③ 내장기관의 운동을 조절한다. ④ 운동명령을 뼈대근육에 전달한다.

필수문제

29 **자율신경계통에서만 분비되는 신경전달물질은?**

■자율신경계통에서는 에피네프린과 노르에피네프린이 분비된다.

① 아세틸콜린 ② 노르에피네프린 ③ 카테콜아민 ④ 코티졸

심화문제

30 **자율신경계통에 있는 효과기의 활동을 촉진시키는 것은?**

■효과기의 활동은 교감신경이 촉진시킨다.

① 감각신경계통 ② 운동신경계통
③ 교감신경계통 ④ 부교감신경계통

31 **인체의 불수의적 생리조절을 담당하는 것은?**

■스스로 알아서 조절하는 것을 '자율'이라고 한다.

① 몸신경 ② 자율신경 ③ 운동신경 ④ 감각신경

필수문제

32 **보기의 ㉠, ㉡에 들어갈 용어가 바르게 나열된 것은?**

■자율신경계에는 교감신경과 부교감신경이 있다.
■교감신경은 위험상황에 직면했을 때 신체를 임전 태세로 만든다.
■교감신경계가 활성화되면 골격근으로의 혈류량이 많아지고(증가함), 내장기관으로의 혈류량은 감소한다.

보기
» 운동 시 교감신경계가 활성화되면, 골격근으로의 혈류량은 (㉠)하고 내장기관으로의 혈류량은 (㉡)한다.

	㉠	㉡		㉠	㉡
①	감소	증가	②	감소	감소
③	증가	감소	④	증가	증가

정답 26 : ③, 27 : ①, 28 : ①, 29 : ②, 30 : ③, 31 : ②, 32 : ③

심화문제

33 심장의 운동, 내장의 운동, 호르몬 분비 등의 역할을 수행하는 신경계통은?

① 교감신경계통　　② 부교감신경계통
③ 뇌줄기　　④ 자율신경계통

34 자율신경계의 기능에 대한 설명으로 옳은 것은?

① 교감신경계 활성은 심박수를 안정시킨다.
② 수의적인 신경조절로 운동수행력을 향상시킨다.
③ 심장근, 내분비선, 평활근을 자극한다.
④ 부교감신경의 말단에서 에피네프린(epinephrine)을 분비한다.

■ 자율신경계는 심장의 운동, 내장의 운동, 호르몬 분비 등 불수의적인 운동을 지배한다.

필수문제

35 뉴런(신경세포)의 구조에 대한 설명이다. 옳은 것은?

① 뉴런은 세포체, 가지돌기, 랑비에결절로 구성되어 있다.
② 가지돌기는 주로 신호를 내보내는 역할을 한다.
③ 세포체는 주로 뉴런의 생명을 유지시키는 역할을 한다.
④ 랑비에결절은 가지돌기에 있다.

■ 세포체는 수상돌기 및 축삭과 함께 뉴런을 구성하며, 그 역할은 뉴런의 생명 유지이다.

심화문제

36 뉴런은 신경계의 기능적 단위이며, 해부학적으로 세포체, 수상돌기, (　)의 세 가지 기본영역으로 구성된다. (　)에 알맞은 단어는?

① 핵　　② 축삭
③ 미토콘드리아　　④ 골지체

■ 뉴런은 신경세포체, 가지돌기(수상돌기), 축삭돌기(축삭)로 구성되어 있다.

필수문제

37 뉴런의 기능에 대한 설명이다. 틀린 것은?

① 받아들인 정보를 모두 전달한다.
② 신경아교세포는 뉴런의 위치를 유지시키고, 화학물질을 공급하는 역할을 한다.
③ 말이집으로 감싸진 신경축삭에서는 도약전도가 일어난다.
④ 활동전위가 축삭의 끝에 도착하면 신경전달물질이 분비된다.

■ 뉴런은 받아들인 정보를 전달하지 않고 억제하는 경우도 있다.

정답　33 : ④, 34 : ③, 35 : ③, 36 : ②, 37 : ①

필수문제

38 그림은 막 전위의 변화를 나타낸 것이다. ㉠~㉣ 중 탈분극(depolarization)에 해당하는 시점은?

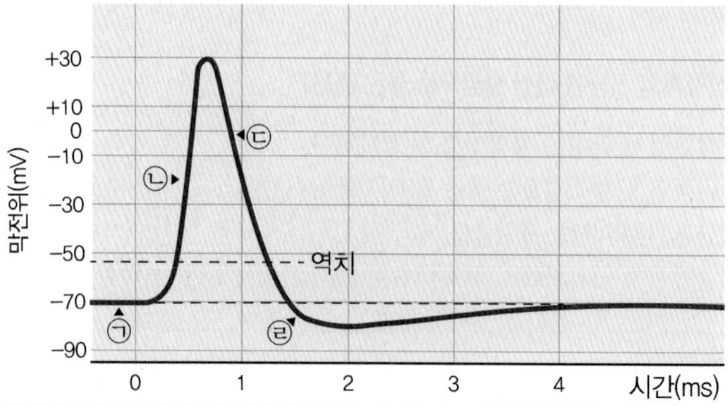

① ㉠ ② ㉡ ③ ㉢ ④ ㉣

■ 세포막전위 : 세포막을 경계로 하여 세포 안과 밖에서 전기적 성질을 띤 이온의 농도차이에 의해 발생함.
■ ㉡ : 탈분극
■ ㉠ : 안정막전압(약 −70mV)
■ ㉢ : 재분극
■ ㉣ : 과분극

필수문제

39 보기에서 설명하는 신경세포 활동전위의 단계는?

보기
» 칼륨(K^+) 채널이 열려있고, 칼륨이 세포 외로 이동하면서 세포 내는 음전하를 띠게 되는 단계
» 이 단계 이후 칼륨 채널이 닫히고, 칼륨의 세포 외 유출이 적어짐에 따라 안정막 전위로 복귀

① 과분극 ② 탈분극
③ 재분극 ④ 불응기

■ **과분극** : 막전압이 안정막전압(약 −70mV)보다 음성인 경우
■ **탈분극** : 막전압이 안정막전압보다 양성인 경우
■ **재분극** : 절정에 이른 후 탈분극상태가 안정막전압으로 돌아가는 시기
■ **불응기** : 일정 시간 동안 다른 활동전압이 즉시 발생할 수 없는 시기

정답 38 : ②, 39 : ①

심화문제

40 근섬유 수축을 위한 신경 활동전위(action potential)의 단계 중 보기가 설명하는 것은?

> 보기
> 신경 뉴런(neuron)의 활동전위(action potential)가 생성되는 첫 번째 단계로서 나트륨 이온(Na^+)의 세포막 투과성을 높여 세포 내 양(+)전하를 만들고 활동전위를 역치수준에 이르게 한다.

① 탈분극(depolarization) ② 재분극(repolarization)
③ 과분극(hyperpolarization) ④ 불응기(refractory period)

■ 첫 번째 단계인 탈분극이 된 다음에 다시 분극상태로 돌아가는 것을 재분극이라고 한다.

필수문제

41 보기는 뉴런의 전기활동에 대한 설명이다. 옳은 것을 모두 고른 것은?

> 보기
> ㉠ 안정 시에는 신경세포의 세포막 안과 밖이 약 −70mV로 분극되어 있다.
> ㉡ 안정 시에 막전위가 유지되는 것은 칼륨−나트륨 이온펌프 때문이다.
> ㉢ 역치 이상의 전기자극이 오면 막전위가 약 +30mV로 변하는 것을 탈분극이라 한다.
> ㉣ 탈분극이 된 다음 약 1msec가 지나면 다시 분극상태로 돌아가는 것을 재분극이라고 한다.
> ㉤ 탈분극되는 위치가 조금씩 뉴런의 말단 방향으로 이동하는 것을 신경전도라고 한다.

① ㉠㉡㉢㉣㉤ ② ㉠㉡㉢㉣
③ ㉠㉡㉢ ④ ㉠㉡

■ 보기는 뉴런의 전기활동을 모두 설명한 것이다.

심화문제

42 뉴런의 전기적 활동에 대한 설명으로 바르지 않은 것은?

① 흥분성 신경전달물질은 세포막을 탈분극시키는 작용을 한다.
② 억제성 신경전달물질은 세포막을 과분극시키는 작용을 한다.
③ 탈분극이 발생되면 세포막 내의 나트륨이 밖으로 나가면서 활동전위가 발생된다.
④ 안정 시 막전압으로 돌아오려면 Na−K펌프가 작동되어야 한다.

■ 평소에 분극되어 있던 것이 일시적으로 없어지는 것을 탈분극이라고 한다.

정답 40 : ①, 41 : ①, 42 : ③

필수문제

43 보기는 신경 세포의 안정 시 막전위에 영향을 주는 Na^+과 K^+에 대한 그림이다. ㉠~㉣에 들어갈 내용이 바르게 연결된 것은?

보기

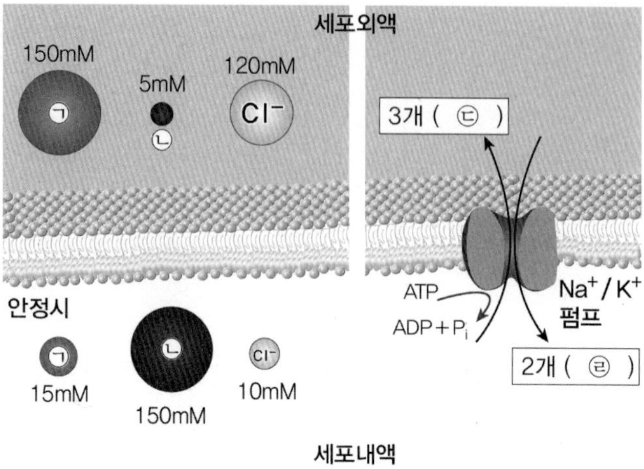

	㉠	㉡	㉢	㉣
①	K^+	Na^+	Na^+	K^+
②	Na^+	K^+	Na^+	K^+
③	K^+	Na^+	K^+	Na^+
④	Na^+	K^+	K^+	Na^+

■ 세포막을 사이에 두고 세포외액은 NA^+농도가 높고 세포내액은 K^+농도가 높게 분포되어 있다는 것을 묻는 문제임.
■ 세포막에 존재하는 K^+/Na^+ 펌프가 작용하여 세포 의 Na^+를 세 개 퍼내고, 세포 밖의 K^+ 2개를 세포 안으로 끌어들이는 작용을 보여주는 것임(정일규(2023). 휴먼퍼포먼스와 운동생리학 그림 2-18 참조).

44 신경자극에 대한 설명으로 옳지 않은 것은?

① 탈분극은 Na^+이 세포 밖에서 안으로 유입되면서 양전하가 세포 내에 증가하는 현상이다.
② 과분극은 K^+ 통로의 열린 상태가 유지되어 추가적 으로 K^+이 세포 밖으로 나가는 현상이다.
③ 세포막의 자극이 역치를 넘어서지 않으면 활동전위(action potential)가 생성되지 않는다.
④ 안정막전위는 세포 밖은 K^+, 세포 안은 Na^+이 많은 상태로 분리되어 있다.

■ 안정 시에는 세포막 안쪽에 K^+가 많다.

45 안정 시 뉴런의 세포막의 전위는?

① 70mV ② −70mV ③ 30mV ④ −30mV

정답 43 : ②, 44 : ④, 45 : ②

필수문제

46 보기의 신경세포 구조 및 전기적 활동에 관한 적절한 설명을 고른 것은?

보기
㉠ 안정 시 신경세포 막의 안쪽은 Na^+의 농도가 높고, 바깥쪽은 K^+의 농도가 높다.
㉡ 역치(threshold)는 신경세포 막의 차등성전위(graded potential)가 안정막전위(resting membrane potential)로 바뀌는 시점을 말한다.
㉢ 활동전위(action potential)는 신경세포 막의 탈분극(depolarization)을 유도한다.
㉣ 신경세포는 신경-근접합부(neuromuscular junction)를 통해 근섬유와 상호 신호전달을 한다.

① ㉠, ㉣　② ㉠, ㉢
③ ㉡, ㉣　④ ㉢, ㉣

■㉠ 안정 시 신경세포의 막 안쪽은 K^+(칼슘이온)이, 바깥쪽은 Na^+(나트륨이온)이 주요 양이온이다.
■㉡ 역치는 생물체가 자극에 대한 반응을 일으키는 데 필요한 최소한도의 자극의 세기를 나타내는 수치로, 안정막전위(세포 안과 밖 사이의 전위차이)가 차등성전위(막전위에서 나타나는 국소적인 변화)로 바뀌는 시점이다.

심화문제

47 신경계통의 자극전도에 대한 설명이다. 옳지 못한 것은?

① 안정 시 세포 내에는 나트륨이온의 농도가 높다.
② 전달된 자극의 강도가 역치 이상일 때에만 신경자극이 전도된다.
③ 활동전위에 의해서 일시적으로 탈분극 상태가 된다.
④ 신경자극이 지나갈 때 짧은 시간 동안의 불응기가 있다.

■안정 시 세포 내에는 K^+, 바깥쪽에는 Na^+의 농도가 높다.

48 안정 시 뉴런의 세포막전위를 설명한 것이다. 틀린 것은?

① 세포막의 안쪽에는 Na^+, 바깥쪽에는 K^+의 농도가 높다.
② Na^+보다 K^+의 세포막 투과성이 높다.
③ 세포막은 안과 밖의 이온농도를 동일하게 유지하려는 성질이 있다.
④ K^+ : Na^+ 이온 펌프 때문에 막전위를 유지할 수 있다.

■세포막의 안쪽에는 K^+, 바깥쪽에는 Na^+의 농도가 높다.
■세포막은 이온농도를 동일하게 유지하려는 성질이 있지만, 이온펌프 때문에 불균형하게 분포되어 있다.

정답 46 : ④, 47 : ①, 48 : ①

필수문제

49 보기에서 설명하는 용어는?

보기
» 운동뉴런의 말단과 근섬유가 접합되어 있는 기능적 연결부위
» 신경전달물질이 분비되는 공간
» 시냅스 전 축삭말단, 시냅스 간극, 근섬유 원형질막의 운동종판으로 구성

① 시냅스(연접)　② 운동단위
③ 랑비에르 결절　④ 신경근접합부

■ **시냅스** : 신경과 신경 사이의 틈새로, 신경전달물질이 분비됨.
■ **운동단위** : 하나의 운동신경섬유와 그곳에 붙어 있는 근육섬유를 합한 것.
■ **랑비에르 결절** : 신경에서 수초(myelin sheath, 말이집)에 둘러싸이지 않고 노출된 부위.

심화문제

50 다음 설명 중 틀린 것은?

① 신호를 전달하기 위해서 신경과 신경 사이가 직접 연결되어 있다.
② 신경과 신경 사이의 틈새를 시냅스라고 한다.
③ 시냅스에 분비되는 물질을 신경전달물질이라고 한다.
④ 신경전달물질을 통해서 신호가 전달될 수도 있고 억제될 수도 있다.

■ 신경세포는 시냅스로 연결되어 있다.

51 뉴런의 축삭 끝에서 다른 뉴런의 가지돌기나 세포체로 활동전위를 전달하는 장소는?

① 랑비에결절　② 시냅스
③ 핵소체　④ 말이집

52 신경전달물질이 아닌 것은?

① 에피네프린　② 인슐린
③ 아세틸콜린　④ 노르에피네프린

■ 신경전달물질은 아세틸콜린, 에피네프린, 노르에피네프린이다. 당뇨병환자가 인슐린주사를 맞는다.

53 신경전달물질을 다량 보관하고 있는 소포가 있는 곳은?

① 신경세포체　② 신경축삭 종말
③ 가지돌기　④ 신경세포의 핵

필수문제

54 신경계통의 특성이 바르게 묶인 것은?

① 흥분성, 전달성, 통합성　② 흥분성, 탄력성, 통합성
③ 흥분성, 신장성, 활동성　④ 전달성, 통합성, 신장성

■ 신경계통의 특성은 흥분성, 전달성, 통합성이다(p. 26 참조).

정답　49 : ④, 50 : ①, 51 : ②, 52 : ②, 53 : ②, 54 : ①

심화문제

55 신경세포와 근육의 흥분-수축 결합 단계를 순서대로 바르게 나열한 것은?

보기
㉠ 마이오신 머리가 액틴세사를 잡아당긴다.
㉡ 활동전위가 축삭 종말에 도달하면 아세틸콜린이 방출된다.
㉢ 근형질세망에서 분비된 Ca^{2+}이 트로포닌에 부착되어 트로포마이오신을 들어 올린다.

① ㉠-㉡-㉢
② ㉡-㉠-㉢
③ ㉡-㉢-㉠
④ ㉢-㉡-㉠

■활동전위가 신경세포의 끝에 도달하면 아세틸콜린이 분비되고, 그러면 마이오신이 액틴에 붙을 수 있도록 트로포마이오신을 들어 올린다.

56 운동단위에 대한 설명이다. 틀린 것은?

① 한 개의 운동신경섬유에 여러 개의 근육섬유가 붙어 있다.
② 큰 운동단위에는 여러 개의 운동신경이 있다.
③ 큰 운동단위는 수축력도 크다.
④ 눈동자를 움직이는 운동단위는 작은 운동단위이다.

■한 개의 운동신경섬유와 그곳에 붙어 있는 근육섬유를 합한 것이 운동단위이다.

57 다음 중 1개의 운동신경섬유와 그에 의해서 지배되는 근육섬유를 나타내는 것은?

① 축삭
② 운동종판
③ 세포체
④ 운동단위

필수문제

58 보기에 제시된 감각-운동 신경계의 인체 운동 반응 조절 과정을 단계별로 바르게 나열한 것은?

보기
㉠ 자극이 감각 뉴런을 통해 중추신경계로 전달된다.
㉡ 운동 자극이 중추신경계에서 운동 뉴런으로 전달된다.
㉢ 운동 자극이 근섬유에 전달되면 운동 반응이 일어난다.
㉣ 중추신경계가 정보를 해석하고 운동 반응을 결정한다.
㉤ 감각 수용기가 감각 자극을 받아들인다.

① ㉠→㉤→㉡→㉢→㉣
② ㉠→㉤→㉣→㉢→㉡
③ ㉤→㉠→㉡→㉢→㉣
④ ㉤→㉠→㉣→㉡→㉢

■인체의 운동반응 조절과정
감각수용기의 감각자극 수용→감각뉴런이 중추신경계로 전달→중추신경계의 정보해석 후 운동반응 결정→운동자극이 운동뉴런에 전달→근육섬유에 도달한 운동자극에 의한 운동 반응

정답 55 : ③, 56 : ②, 57 : ④, 58 : ④

심화문제

59 신경세포에서 전기적 신호가 전달되는 순서가 옳은 것은?

① 신경자극→수상돌기→세포체→축삭→축삭종말
② 신경자극→세포체→수상돌기→축삭→축삭종말
③ 신경자극→축삭→세포체→수상돌기→축삭종말
④ 신경자극→수상돌기→축삭→세포체→축삭종말

■신경임펄스는 수상돌기에서 세포체를 거쳐서 축삭으로 전달되어 축삭종말로 간다.

필수문제

60 보기에서 설명하는 고유수용기는?

보기
» 감각 및 운동신경의 말단이 연결되어 있다.
» 감마운동뉴런을 통해 조절된다.
» 근육의 길이 정보를 중추신경계로 보낸다.

① 근방추　② 골지건기관
③ 자유신경종말　④ 파치니안 소체

■① **근방추** : 근육 안에 있으면서 근육의 길이 변화와 변화 속도 감지 등 보기와 같은 역할을 수행함.
■② **골지건(힘줄)기관** : 근육과 힘줄의 경계 부위에 있으면서 근육이 발휘하는 장력 수준을 척수 및 뇌에 보고하는 수용체임.
■③ **자유신경종말** : 신경종말. 가장 단순한 모양의 신경수용기. 여기에서 분지된 말초신경섬유의 잔가지는 결합조직 또는 상피 안에서 끝남.
■④ **파치니안 소체** : 피부에 있는 타원형의 수용기

심화문제

61 근육의 길이 변화에 관한 정보를 중추신경계통으로 전달하는 고유감각수용기는?

① 골지힘줄기관　② 관절수용기　③ 루피니소체　④ 근육방추

62 고유수용기 중에서 나머지 3개와 다른 것은?

① 근육방추　② 골지힘줄기관
③ 압력수용기　④ 관절수용기

■압력수용기는 피부 또는 내장에 있고, 나머지는 모두 근육에 있다.

63 우리 몸의 균형과 평형을 담당하는 주요 기관은?

① 망상체　② 소뇌　③ 척수　④ 전정기관

■귀 속에 있는 전정기관이 신체의 균형을 담당한다.

64 다음 설명 중에서 틀린 것은?

① 인체의 기능과 운동은 모두 신경계통이 조절한다.
② 신경계통은 짧은 시간 내에 신체의 기능을 조절한다.
③ 근육신경연접은 신경의 전기자극을 근육섬유에 전달하는 역할을 한다.
④ 구심성신경계통에는 몸신경계통과 자율신경계통이 모두 포함된다.

■인체의 기능과 운동은 호르몬도 조절한다.

정답　59 : ①, 60 : ①, 61 : ④, 62 : ③, 63 : ④, 64 : ①

CHAPTER 04

뼈대근육과 운동

뼈대근육의 구조

☞ 생명이 있는 최소단위는 세포이고, 근육세포는 실같이 생겼다고 해서 근육섬유라 한다.
☞ 여러 개의 근육섬유가 모여서 다발을 이룬 것을 근육섬유다발이라고 한다.
☞ 근육섬유다발이 여러 개 모여서 근육을 이룬다.
☞ 근육섬유를 둘러싸고 있는 막을 근육섬유막 또는 근육속막(근내막), 근육섬유다발을 둘러싸고 있는 막을 근육다발막(근주막), 근육을 둘러싸고 있는 막을 근육바깥막(근외막) 또는 근막이라고 한다.

근육세포가 일반 세포와 다른 점

☞ 보통은 실처럼 길게 생겼지만 다른 조직세포보다 오히려 짧은 근육세포도 있다.
☞ 근육세포 하나에 세포핵이 여러 개 있는 경우가 많다.
☞ 여러 가지 세포소기관이 들어 있는 것은 다른 세포와 같고, 글리코겐과 마이오글로빈을 함유하고 있는 것이 보통세포의 세포질과 다르다.
☞ T세관은 근육세포에만 있고 신경임펄스가 신속하게 퍼질 수 있도록 하는 역할을 한다.

근육섬유

1 근육섬유(근육세포)의 구조

☞ 근육섬유는 여러 개의 근육원섬유들이 다발처럼 묶여 있는 것이다.
☞ 근육원섬유에는 마이오신 필라멘트와 액틴 필라멘트가 있고, 2가지 근육원섬유는 격자구조를 갖도록 규칙적으로 배열되어 있다.
☞ 근육원섬유의 마디를 근육원섬유마디(근절)라 하고, 근육원섬유마디는 근육수축의 기본단위이다.
☞ 근육원섬유마디가 있는 위치를 Z선이라 하고, 뼈대근육에 가로무늬가 보이는 것은 Z선 때문이다.
☞ 액틴과 마이오신 필라멘트 사이에 연결다리(cross bridge)가 생기는 것이 근육수축이다.
☞ 뼈대근육의 기능(역할)……운동, 자세유지, 체온유지, 관절의 안정성 확보

2 근육의 종류별 특성

	뼈대근육	심장근육	내장근육
무늬	가로줄무늬	가로줄무늬	민무늬
세포 당 핵의 수	많음	1~2개	1개
근형질세망	발달되어 있음	약간 있음	조금 있음
수축속도	빠름/느림	느림	아주 느림
수축조절	수의적	불수의적	불수의적

3 근육섬유의 종류별 특징

	Type I (지근, 적근)	Type II a (속근, 백근)	Type II x (속근, 백근)
피로에 대한 내성	높음	중간	낮음
에너지 시스템	유산소	유/무산소	무산소
수축속도	느림	중간	빠름
장력	중간	큼	큼
미토콘드리아, 모세혈관, 마이오글로빈	많음	중간	적음
ATPase의 활동	낮음	높음	높음

운동단위의 동원 순서

☞ 수축력의 세기가 작은 운동단위부터 차례로 동원된다.

☞ 같은 수의 근육섬유가 있다고 하면 Type I 운동단위보다는 Type II 운동단위가 수축력은 세고, 지구력은 약하다.

근육수축의 형태

☞ 근육이 수축하는 동안 근육이 발휘하는 근력의 크기가 일정한 것이 등장성수축이다.

☞ 근육이 수축하고는 있지만 근육의 길이가 변하지 않는 것이 등척성수축이다.

☞ 등척성 수축을 정적 수축, 등장성 수축을 동적 수축이라고도 한다.

☞ 신장성 수축은 근육의 길이가 늘어나는 수축이고, 단축성수축은 근육의 길이가 짧아지는 수축이다.

☞ 일반적으로 신장성 수축이 단축성 수축보다 더 큰 근력을 발휘한다.

☞ 신장성 수축은 근육의 수축속도가 빠를수록 근력이 크고, 단축성수축은 근육의 수축속도가 느릴수록 근력이 더 크다.

▶ 구심성 수축과 원심성 수축의 비교

구심성(단축성) 수축	· 근육의 길이가 짧아지고 장력이 발생함. · 근수축 속도와 반비례하여 근육에 힘이 생성됨. · 근수축 속도가 느릴수록 더 큰 힘이 발생함.
원심성(신장성) 수축	· 근육의 길이가 길어지고 장력이 발생함. · 근수축 속도와 비례하여 근육에 힘이 생성됨. · 근수축 속도가 빠를수록 더 큰 힘이 발생함.

근육이 발휘할 수 있는 근력의 크기

☞ 최대근력을 발휘할 수 있는 근육의 길이가 근육마다 다르다. 즉, 관절의 각도에 따라서 최대근력의 크기가 다르다.

- ☞ 등장성수축과 등척성수축에 따라서도 최대근력의 크기가 다르다.
- ☞ 신장성 수축과 단축성 수축에 따라서도 최대근력의 크기가 다르다.
- ☞ 수축속도에 따라서도 최대근력의 크기가 다르다.

뼈대근육

1 뼈대근육의 트레이닝 효과

- ☞ 근력이 향상된다. 근육의 크기 증가(근육섬유의 비대)가 주된 원인이지만 신경조절 요인도 관련이 있다.
- ☞ 근육섬유의 비대는 근육원섬유의 증가, 근육세포질의 증가, 결합조직의 증가에 의한 것이다.
- ☞ 운동단위의 동시동원은 힘의 발현속도를 증가시킨다.
- ☞ 저항훈련 초기의 근력 증가는 신경적응 현상(신경의 전도속도가 빨라진 것)에 의한 것이다.

2 뼈대근육의 유산소 트레이닝 효과

- ☞ Type I 근육섬유가 증가한다.
- ☞ 근육에 있는 모세혈관의 숫자가 증가한다.
- ☞ 근육의 마이오글로빈 함량이 증가한다.
- ☞ 근육세포 안에 있는 미토콘드리아의 숫자와 크기가 증가한다.
- ☞ ATPase의 활성도가 증가한다.

3 뼈대근육의 근지구력 트레이닝 효과

- ☞ 단위면적당 모세혈관의 수가 증가한다.
- ☞ 근육섬유 내의 미토콘드리아의 수와 크기가 증가한다.
- ☞ 근육의 유산소대사능력이 증가한다.

훈련을 중단하거나 근육을 움직이지 못하게 묶어 놓았을 때의 변화

- ☞ 단백질 합성의 감소 → 근육조직의 손실 → 근 위축 → 근력감소
- ☞ 다시 운동을 해서 회복하는 데에 걸리는 시간이 운동을 못한 시간보다 더 길다.

근통증

- ☞ 고강도로 운동을 한 후에 또는 과도하게 근력을 사용한 후에 근통증이 나타난다.
- ☞ 근육섬유의 손상이나 근육섬유막의 손상이 원인이다.
- ☞ 피로를 수반하는 급성근통증은 혈장으로부터 조직 안으로 체액이 이동하는 것(부종)이 원인이다.
- ☞ 힘든 운동을 하고 하루나 이틀이 지나서 나타나는 지연성근통증을 근육조직이 아주작게 찢어지거나 힘줄(건)에 있는 결체조직이 파열된 것이 원인이다.

근손상

근섬유의 구조적 손상	마라톤 경기 후 근육섬유막의 파손
염증성 손상	백혈구가 근육 내에 염증반응을 유발시킴
좌상	너무 큰 근장력 때문에 근육이 과신전되면서 근육섬유가 분리되거나 찢어지는 것
근경직	불수의적으로 근수축과 이완이 교대로 일어나는 것
타박상	외부에서 연조직을 심하게 가격한 것이 원인이 되어 모세혈관이 찢어져 근육 속에서 출혈이 되는 것

근육활주설

☞ 근육섬유가 수축할 때 A띠의 길이는 변화하지 않지만 I띠는 짧아지고, A띠의 중앙 부분인 H역은 사라진다. 이러한 현상은 A띠의 중앙 부분에서 가는근육미세섬유가 서로 활주하여 서로 교차하는 움직임 때문이라고 한다. 근육의 수축이 가는근육미세섬유의 활주에 의해 이루어진다고 하여 **근육활주설**이라고 한다.

☞ **안정**(충전되지 않은 ATP십자형다리(교) 확장, 액틴과 마이오신의 약한 결합, 그물에 칼슘 축적) → **자극 · 결합**(칼슘 방출, 액토마이오신 형성) → **수축**(에너지 방출, 십자형교 회전, 장력 발생) → **재충전**(ATP 재합성, 액틴과 마이오신 재순환) → **이완**(그물에 칼슘 축적, 근육이완)

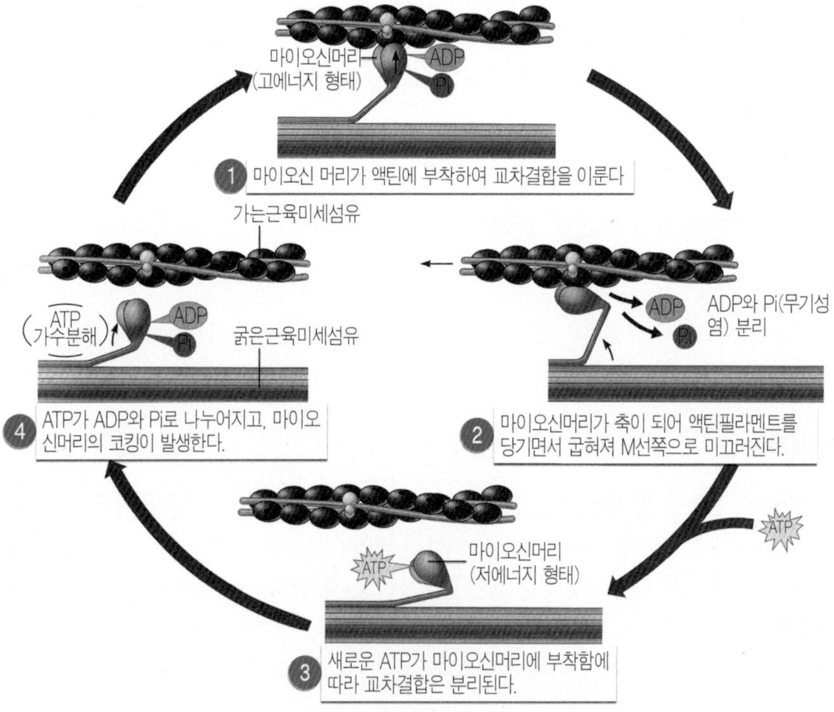

출처: 정일규(2018). 휴먼퍼포먼스와 운동생리학 전정판, 대경북스.

필수 및 심화 문제

필수문제

01 근수축에 필수적인 Ca^{2+} 이온을 저장, 분비하는 근육 세포 내 소기관은?

① 근형질세망　　② 위성세포
③ 미토콘드리아　　④ 근핵

원형질막	· 운동신경에서 근육섬유로 가는 활동전압의 전도 · 산–염기 평형 유지 · 모세혈관의 혈액에서 근육섬유 안으로 대사물질 운반
위성세포	· 원형질막과 기저막 사이에 있음. · 골격근의 성장과 발달, 근육의 손상, 비활동 훈련 등에 영향을 줌.
근형질	· 글리코겐 저장 · 미오글로빈이 저장되어 있어 산소 운반을 도움.
T세관(가로세관)	· 개개의 근육원섬유로 신경자극 전달
근형질세망	· 칼슘 저장 · 근수축 시 칼슘 방출과 근이완 시 칼슘 재흡수

필수문제

02 보기에서 설명하는 근육 기관은?

보기
» 골격근에서 발견된다.
» 근육의 길이를 감지한다.
» 근육의 급격한 신전 시 반사적 근육활동을 촉발시킨다.

① 근방추　　② 동방결절
③ 모세혈관　　④ 근형질세망

필수문제

03 근섬유(muscle fiber) 및 근원섬유(myofibril)에 관한 설명으로 옳은 것은?

① 근섬유는 여러 개의 핵을 가진 다른 세포들과 다르게 단핵세포로 구성된다.
② 근섬유는 결합조직인 근내막(endomysium)으로 싸여 있다.
③ 근원섬유는 근세포라 불리며, 가는 세사와 굵은 세사로 구성된다.
④ 근원섬유의 막 주위에는 위성세포(satellite cells)가 존재한다.

정답　01 : ①, 02 : ①, 03 : ②

■ 근방추의 기능(골격근의 길이와 수축 속도를 감지하는 주머니 모양의 신경구조)
· 근육이 손상되지 않도록 근육을 수축시켜 근육의 길이를 줄여주는 역할
· 신체의 긴장도, 자세, 정렬 균형 등을 유지하는 데 도움
· 신장반사를 통해 방어기제를 제공
· 너무 빠르거나 안전하지 않은 범위까지 길이가 늘어나는 것이 감지되면 바로 반사작용으로 근육을 짧게 만듦
· 근방추가 활성화되면 신체의 위치와 균형감, 중력중심에 영향

■ **근(육)섬유** : 골격근을 이루며, 근(육)세포라고 함.

■ **근(육)원섬유** : 수축 단백질을 포함한 수많은 필라멘트가 싸고 있음. 미오신(마이오신, myosin ; 굵은 필라멘트)와 액틴(actine ; 가는 필라멘트)로 구성됨.

■ **위성세포** : 근육성 줄기세포로 형질막과 바닥막 사이에 있음.

심화문제

04 근섬유의 구조와 기능에 대한 설명으로 옳지 않은 것은?

① 근형질세망(sarcoplasmic reticulum) : 칼슘 저장
② 가로세관(transverse-tubule) : 산 · 염기 평형 유지
③ 근형질(sarcoplasm) : 글리코겐과 미오글로빈 저장
④ 근초(sarcolemma) : 뼈에 부착된 건과 융합

■ 가로세관은 신경임펄스가 신속하게 퍼질 수 있도록 하는 역할을 한다.

05 골격근의 수축과정 중 근형질세망(sarcoplasmic reticulum)에서 분비되어 트로포닌(troponin)과 결합하는 물질은?

① 아데노신삼인산 ② 칼슘이온 ③ 무기인산 ④ 아세틸콜린

■ 근형질세망에 있던 칼슘이온이 방출되어 트로포닌과 결합한다.

06 근육의 기능과 관련된 용어들의 설명 중 옳은 것은?

① 최대의 무게를 폭발적으로 들어 올릴 수 있는 능력을 민첩성이라고 한다.
② 일정한 부하를 반복적으로 들어 올릴 수 있는 능력을 순발력이라고 한다.
③ 최대한 빠르게 방향을 전환할 수 있는 능력을 근지구력이라 한다.
④ 한 번의 노력으로 발휘할 수 있는 최대의 힘을 근력이라 한다.

■ ①은 순발력, ②는 근지구력, ③은 민첩성이다.

필수문제

07 인체 근육조직은 여러 가지 조직으로 결합되어 있다. 근육의 구조를 올바르게 나열한 것은?

① 근섬유 → 근원섬유 → 필라멘트 → 근다발
② 근원섬유 → 필라멘트 → 근다발 → 근섬유
③ 필라멘트 → 근다발 → 근섬유 → 근원섬유
④ 근다발 → 근섬유 → 근원섬유 → 필라멘트

■ 골격근(뼈대근육)의 구조
근육다발막(근다발)
↓
근육섬유막(근섬유)
↓
근원섬유의 다발(근원섬유)
↓
근육필라멘트(필라멘트)

필수문제

08 근육세포가 일반 세포와 다른 점을 설명한 것이다. 틀린 것은?

① 보통은 실처럼 길게 생겼지만 다른 조직세포보다 오히려 짧은 근육세포도 있다.
② 보통 근육세포 하나에 세포핵이 여러 개 있다.
③ 여러 가지 세포소기관이 들어 있는 것은 다른 세포와 같고, 글리코겐과 마이오글로빈을 함유하고 있는 것이 보통세포의 세포질과 다르다.
④ T세관은 근육세포에만 있는 것이 아니라 다른 세포에도 있다.

■ T세관은 근육세포에만 있고, 신경임펄스가 신속하게 퍼질 수 있도록 하는 역할을 한다.

정답 04 : ②, 05 : ②, 06 : ④, 07 : ④, 08 : ④

심화문제

09 근육 내에서 산소를 운반하는 물질은?

① 알부민 ② 신경전달물질 ③ 아세틸콜린 ④ 마이오글로빈

■ 체내에서 마이오글로빈(미오글로빈)의 역할은 근육조직에 산소를 확보하여 저장하는 것이다.
■ 혈액 내에서 산소를 운반하는 것은 헤모글로빈이다.

필수문제

10 근육섬유(근육세포)의 구조를 설명한 것이다. 틀린 것은?

① 근육섬유는 여러 개의 근육원섬유들이 다발처럼 묶여 있는 것이다.
② 근육원섬유에는 마이오신 필라멘트와 액틴 필라멘트가 있고, 2가지 근육원섬유는 격자구조를 갖도록 규칙적으로 배열되어 있다.
③ 근육원섬유의 마디를 근육원섬유마디(근절, sarcomere)라고 하고, 근육원섬유마디는 근육수축의 기본단위이다.
④ 근육원섬유마디가 있는 위치를 Z선이라 하고, 뼈대근육에 가로무늬가 보이는 것은 Z선 때문이다.
⑤ Z선과 Z선 사이에 연결다리(연결교, crossbridge)가 생기는 것이 근육수축이다.

■ 연결다리는 Z선과 Z선 사이가 아니라 액틴과 마이오신 필라멘트 사이에 생긴다.

심화문제

11 다음 중 근섬유에 대한 일반적 설명으로 가장 옳은 것은?

① 근섬유에는 미토콘드리아가 많이 분포하지는 않는다.
② 근섬유는 우리의 의지에 따라 움직일 수 없다.
③ 운동선수나 일반인이나 근섬유 주위에 모세혈관은 거의 동일하다.
④ 하나의 근섬유 위에 운동신경이 접합되는 지점을 운동종판이라고 한다.

■ 중추로부터의 자극을 골격근에 전달하는 운동신경의 말단이 근섬유로 이어지는 곳이 운동종판인데, 여기에서는 1개의 신경섬유와 1개의 근섬유 사이에서 시냅스가 형성된다.

필수문제

12 보기의 ㉠~㉣에 해당하는 용어를 바르게 나열한 것은?

보기
» 골격근은 (㉠)신경계의 조절에 의해 (㉡)으로 수축한다.
» 걷기와 같은 저강도 운동 중에는 (㉢) 섬유가 주로 동원되고, 전력질주와 같은 고강도 운동 중에는 (㉣) 섬유가 주로 동원된다.

	㉠	㉡	㉢	㉣
①	자율	수의적	type Ⅰ	type Ⅱ
②	체성	불수의적	type Ⅱ	type Ⅰ
③	자율	불수의적	type Ⅱ	type Ⅰ
④	체성	수의적	type Ⅰ	type Ⅱ

■ 골격근은 체성(몸) 신경계통의 조절에 의해 수의적으로 수축한다.
■ type Ⅰ(서근섬유) : 걷기 등의 지구성 운동에 적합.
■ type Ⅱ(속근섬유) : 달리기 등의 순발력 운동에 적합.

정답 09 : ④, 10 : ⑤, 11 : ④, 12 : ④

심화문제

■수의적으로 수축 및 이완할 수 있는 근육은 골격근이다. '체성신경계의 지배를 통해'는 괜히 붙어 있어서 헷갈리게 만든다.

13 **체성신경계의 지배를 통해 수의적(voluntary)으로 수축 및 이완할 수 있는 근육은?**

① 골격근 ② 심장근 ③ 평활근 ④ 내장근

필수문제

■뼈대근육이 체성분을 유지하는 것이 아니라 관절의 안정성을 확보한다.

14 **뼈대근육의 역할이 아닌 것은?**

① 운동 ② 자세 유지 ③ 체온 유지 ④ 체성분 유지

심화문제

15 **보기에서 운동유발성 근육경직(exercise-associated muscle cramps)을 방지하기 위한 방법으로 적절한 것을 모두 고른 것은?**

■근육경직 : 근육의 수축과 이완이 불수의적으로 교대로 일어나는 것.

■㉣ 탄수화물 저장량의 증가가 운동유발성 근육경직을 방지하는 기전이 된다.

보기
㉠ 발생하기 쉬운 근육을 규칙적으로 스트레칭한다.
㉡ 필요 시 운동 강도와 지속 시간을 감소시킨다.
㉢ 수분과 전해질의 균형을 유지한다.
㉣ 탄수화물 저장량을 낮춘다.

① ㉠ ② ㉠, ㉡ ③ ㉠, ㉡, ㉢ ④ ㉠, ㉡, ㉢, ㉣

필수문제

16 **아래 표는 근육섬유의 종류별 특성이다. (　　)에 들어가야 할 단어들을 잘 짝지은 것은?**

특성	Type I	Type IIa	Type IIx
피로 내성	㉠	중간	㉡
에너지시스템	㉢	유/무산소	㉣
수축속도	㉤	중간	㉥
장력	㉦	큼	㉧

	㉠	㉡	㉢	㉣	㉤	㉥	㉦	㉧
①	높음	낮음	유산소	무산소	느림	빠름	중간	큼
②	높음	낮음	무산소	유산소	빠름	느림	큼	중간
③	낮음	높음	유산소	무산소	느림	빠름	중간	큼
④	낮음	높음	무산소	유산소	빠름	느림	큼	중간

■근육섬유의 종류별 특징(p. 41) 참조.

정답 13 : ①, 14 : ④, 15 : ③, 16 : ①

심화문제

17 운동강도 증가에 따라 동원되는 근육섬유의 순서로 옳은 것은?

① TypeⅡa섬유→TypeⅡx섬유→TypeⅠ섬유
② TypeⅡx섬유→TypeⅡa섬유→TypeⅠ섬유
③ TypeⅠ섬유→TypeⅡa섬유→TypeⅡx섬유
④ TypeⅠ섬유→TypeⅡx섬유→TypeⅡa섬유

■ 운동을 할 때는 수축력의 세기가 작은 근육섬유부터 동원된다. 지근섬유(Type Ⅰ섬유)는 모든 활동에 먼저 동원되고, 그 다음 속근섬유인 Type Ⅱa섬유와 Type Ⅱx섬유가 동원된다.

18 보기에서 Type I 근섬유에 대한 설명으로 옳은 것은?

보기	
㉠ 빠른 수축 속도	㉡ 강한 피로 내성
㉢ 빠른 ATPase 효소	㉣ 낮은 해당 능력

① ㉠, ㉢　② ㉠, ㉣　③ ㉡, ㉢　④ ㉡, ㉣

■ 지근은 피로에 대한 내성이 높고, 해당능력(당분해능력)이 낮다.

19 보기에서 속근(fast-twitch fiber)에 대한 옳은 설명만으로 묶인 것은?

보기	
㉠ 빠른 수축 속도	㉡ 강한 피로 내성
㉢ 높은 산화 능력	㉣ 높은 해당 능력

① ㉠, ㉡　② ㉡, ㉢　③ ㉢, ㉣　④ ㉠, ㉣

■ 속근은 수축속도가 빠르고, 당분해능력(해당능력)이 높다.

20 근섬유의 형태에 따른 특성으로 적절하지 않은 것은?

① 지근은 속근에 비해 모세혈관의 밀도가 높다.
② 지근은 속근에 비해 미토콘드리아 수가 많다.
③ 속근은 지근에 비해 ATPase의 활성도가 높다.
④ 속근은 지근에 비해 피로에 대한 저항성이 높다.

■ 피로에 대한 저항성은 지근섬유가 높다.

필수문제

21 보기에서 ㉠과 ㉡의 근섬유 유형별 특성으로 적절한 것은?

보기
훈련되지 않은 사람과 비교하여 단거리 선수의 장딴지 근육은 주로 (㉠)의 비율이 높고, 장거리 수영선수의 팔 근육은 (㉡)의 비율이 높은 경향이 있다.

① ㉠은 ㉡에 비하여 수축 속도가 느리다.
② ㉠은 ㉡에 비하여 피로에 대한 저항성이 낮다.
③ ㉡은 ㉠에 비하여 미토콘드리아 밀도가 낮다.
④ ㉡은 ㉠에 비하여 해당 능력(glycolytic capacity)이 높다.

■ 피로에 대한 저항성은 서근섬유가 높다.
■ 단거리선수의 근육은 속근섬유의 비율이 높고, 장거리선수의 근육은 지근섬유의 비율이 높다.
■ ㉠은 속근섬유, ㉡은 서근섬유

정답　17 : ③, 18 : ④, 19 : ④, 20 : ④, 21 : ②

■속근섬유가 비대해지면 해당(당분해)과정을 통한 ATP 생산능력이 향상된다. 속근섬유(FG섬유, Type Ⅱa)는 ATPase(아데노신3인산 분해효소)의 활성이 높아 수축속도가 빠르지만, 에너지 소비율이 높아 다른 유형의 섬유보다 효율성은 낮다.

필수문제

22 **스프린트 트레이닝 후 나타나는 생리적 적응이 바르게 나열된 것은?**

① 속근 섬유 비대-해당과정을 통한 ATP 생산능력 향상
② 지근 섬유 비대-해당과정을 통한 ATP 생산능력 향상
③ 속근 섬유 비대-해당과정을 통한 ATP 생산능력 저하
④ 지근 섬유 비대-해당과정을 통한 ATP 생산능력 저하

심화문제

23 **속근섬유의 특성과 거리가 먼 것은?**

■속근섬유는 마이오글로빈 함량이 적다.

① 무산소 대사능력이 뛰어나다.
② 마이오글로빈 함량이 많아 근육 내 산소공급이 원활하다.
③ ATPase 활성도가 높으며 수축속도가 빠르다.
④ 피로에 대한 내성이 낮다.

24 **근육섬유의 유형에 대한 설명 중 틀린 것은?**

■장력은 속근섬유가 더 크다.

① 지근(서근)에는 많은 수의 미토콘드리아가 있다.
② 지근(서근)에는 마이오글로빈이 많아서 피로에 대한 저항력이 높다.
③ 지근섬유가 속근섬유보다 큰 장력을 발휘한다.
④ 지근섬유가 속근섬유보다 에너지효율이 높다.

25 **속근섬유를 많이 가지고 있는 사람에게 적합한 종목은?**

■속근섬유는 순발력이 필요한 운동에 적합하다.

① 마라톤 ② 경보 ③ 높이뛰기 ④ 크로스컨트리 스키

26 **지구력운동선수들의 근육섬유의 특징을 바르게 설명한 것은?**

■①, ②, ③은 순발력을 필요로 하는 운동선수들이다.

① 무산소운동에 적합한 근육섬유가 발달하였다.
② TypeⅡx가 발달하였다.
③ 근육수축력이 크게 발달하였다.
④ 지근섬유가 많이 발달하였다.

27 **다음 설명 중 잘못 설명한 것은?**

■근지구력은 서근(지근)섬유(TypeⅠ)가 높다.

① 동적 수축에는 단축성 수축과 신장성 수축이 있다.
② TypeⅡx섬유가 가장 높은 파워를 낸다.
③ 근지구력은 TypeⅡa섬유가 가장 높다.
④ 파워는 힘×속도이다.

정답 22 : ①, 23 : ②, 24 : ③, 25 : ③, 26 : ④, 27 : ③

필수문제

28 보기에 제시된 운동단위(motor unit)에 대한 설명 중 옳은 것을 있는 대로 고른 것은?

보기
㉠ 하나의 운동신경과 그 신경에 의해 지배되는 근육섬유들로 정의된다.
㉡ 운동신경에 연결된 근섬유 수가 많을수록 큰 힘을 내는 데 유리하다.
㉢ 자극비율(innervation ratio)이 낮은 근육은 정교한 움직임에 적합하다.

① ㉠
② ㉠, ㉡
③ ㉡, ㉢
④ ㉠, ㉡, ㉢

※ 참고 : innervation ratio를 '자극비율'이라고 번역하면 안 되고 '신경지배비율'로 번역해야 한다.

- ㉠ 1개의 운동신경에 연결된 근섬유가 운동단위이다.
- ㉡ 단일운동신경이 활성화되면 연결된 모든 근육섬유가 자극받아 수축하므로 연결된 근섬유의 수가 많을수록 큰 힘을 낼 수 있다.
- ㉢ 단일운동신경에 연결된 근섬유의 수를 자극비율이라고 하며, 근섬유의 수를 운동신경으로 나눈 값이다. 섬세한 운동을 하는 근육일수록 자극비율이 낮다.

필수문제

29 운동단위(motor unit)에 관한 설명으로 적절한 것은?

① 하나의 근섬유와 연결되는 여러 개의 알파운동뉴런을 말한다.
② Type I 운동단위는 Type I 운동단위보다 단위 당 근섬유 수가 많다.
③ Type I 운동단위는 Type II 운동단위보다 일반적으로 먼저 동원된다.
④ Type I 운동단위는 Type II 운동단위보다 알파운동뉴런의 크기가 크다.

- 운동단위는 크게 서근섬유(Type Ⅰ), 중간근섬유(Type Ⅱa), 속근섬유(Type Ⅱb)로 나눠지며, 그중 서근섬유의 수축속도가 가장 느리다. 그러나 서근운동단위의 신경섬유들은 속근운동단위의 신경섬유보다 흥분역치가 낮기 때문에 거의 모든 활동에 먼저 동원된다.

심화문제

30 운동단위와 관련된 다음 설명 중 관련성이 낮은 보기는?

① 운동단위는 운동신경과 운동신경이 지배하는 모든 근섬유를 뜻한다.
② 1개의 운동단위는 여러 개의 근섬유를 지배할 수 있다.
③ 하나의 운동단위가 동시에 지근과 속근섬유의 수축에 영향을 미친다.
④ 속근에는 지근에 비해 운동단위의 수가 적다.

- 운동단위마다 수축역치가 다르기 때문에 지근과 속근섬유가 하나의 운동단위에 속할 가능성은 전혀 없다.

필수문제

31 운동강도의 증가에 따라 동원되는 근섬유 유형의 순서로 올바른 것은?

① FTa → FTx → ST
② FTx → FTa → ST
③ ST → FTa → FTx
④ ST → FTx → FTa

- **운동단위의 동원 순서**
  - 수축력의 세기가 약한 운동단위부터 차례로 동원된다.
  - 근육섬유의 수가 같을 때에는 Type I 운동단위보다 Type II 운동단위가 수축력은 세고 지구력은 약하다.

정답 28 : ④, 29 : ③, 30 : ③, 31 : ③

심화문제

32 보기에서 괄호에 들어갈 용어를 바르게 연결한 것은?

> 보기
> 걷기와 같은 저강도 운동 중에는 주로 (㉠)가 동원되며, 달리기와 같은 더 높은 강도의 운동 중에는 추가적으로 (㉡)가 동원된다. 나아가 전력질주와 같은 최고 강도의 운동 시에는 (㉢)가 최종적으로 동원된다.

① ㉠ 속근섬유(Type IIa)–㉡ 속근섬유(Type IIx/IIb)–㉢ 지근섬유(Type I)
② ㉠ 속근섬유(Type IIx/IIb)–㉡ 속근섬유(Type IIa)–㉢ 지근섬유(Type I)
③ ㉠ 지근섬유(Type I)–㉡ 속근섬유(Type IIa)–㉢ 속근섬유(Type IIx/IIb)
④ ㉠ 지근섬유(Type I)–㉡ 속근섬유(Type IIx/IIb)–㉢ 속근섬유(Type IIa)

33 운동단위의 동원 순서와 관련된 설명이다. 틀린 것은?

① 운동단위에 속해 있는 근육섬유의 수에 따라서 운동단위의 크기가 결정된다.
② 한 운동단위에는 같은 종류의 근육섬유만 있다.
③ 큰 운동단위가 작은 운동단위보다 수축력이 세다.
④ 같은 수의 근육섬유가 있다고 하면 Type I 운동단위보다는 TypeⅡ운동단위가 수축력은 세지만 지구력은 약하다.
⑤ 수축력의 세기가 큰 운동단위부터 차례로 동원된다.

■ 수축력의 세기가 작은 운동단위부터 차례로 동원된다.

필수문제

34 보기의 근수축 유형에 따른 힘속도–파워 간의 관계에 관한 설명으로 적절한 것만 고른 것은?

> 보기
> ㉠ 신장성 수축은 수축 속도가 빠를수록 힘이 더 증가한다.
> ㉡ 단축성 수축은 수축 속도가 빠를수록 최대파워가 더 증가한다.
> ㉢ 동일 근육에서의 느린 단축성 수축은 빠른 신장성 수축에 비해 더 큰 힘이 생성된다.
> ㉣ 동일 근육에서의 신장성 수축은 단축성 수축에 비해 같은 속도에서 더 큰 힘이 생성된다.

① ㉠, ㉢　　② ㉠, ㉡, ㉢
③ ㉡, ㉢　　④ ㉠, ㉣

■ ㉠ 신장성 수축은 근육의 수축속도가 빠를수록 근력이 크다.
■ 단축성 수축은 근육의 수축속도가 느릴수록 근력이 크다.
■ 전체적으로 발휘되는 근력의 크기는 신장성수축>등척성 수축>단축성수축이다.

정답 32 : ③, 33 : ⑤, 34 : ④

심화문제

35 '근육의 길이가 길어지면서도 힘을 발휘할 수 있는 수축'은?

① 단축성 수축 ② 동적 수축 ③ 신장성 수축 ④ 정적 수축

■ 길이가 늘어나는 것을 '신장'이라고 한다.

36 근육의 수축력이 저하되는 경우는?

① 젖산역치 시점의 지연 ② 근육세포의 산성화
③ 에너지대사 효소의 활성도 증가 ④ 근육 내 ATP 저장량 증가

■ 근육에 젖산이 축적되면 근육이 산성화된다.

37 등장성(isotonic) 근수축의 형태로 근육의 길이가 늘어나는 동안 장력(tension)이 발생되는 것은?

① 단축성(구심성 : concentric) 수축 ② 신장성(원심성 : eccentric) 수축
③ 등척성(isometric) 수축 ④ 등속성(isokinetic) 수축

■ ① **단축성 수축** : 근육이 짧아지면서 장력이 발생하는 수축
■ ② **신장성 수축** : 근육이 길어지면서 장력이 발생하는 근육
■ ③ **등척성 수축** : 근육의 길이와 관절각도가 변하지 않고 장력이 발생하는 수축
■ ④ **등속성 수축** : 관절각도가 일정하게 움직여 밀거나 당기는 구분없이 전운동범위에 걸쳐 일정한 속도로 근육이 최대 수축하는 것

■ 등속성 수축은 일정한 관절의 각도로 근육을 수축시키는 운동.
■ ④ 공을 던질 때의 수축속도는 위치에 따라 다르므로 상완이두근(위팔두갈래근)은 등속성 수축에 해당되지 않는다.

38 상완이두근의 움직임에 대한 근육 수축 형태로 옳지 않은 것은?

① 자세를 유지할 때 - 등척성 수축 ② 턱걸이 올라갈 때 - 단축성 수축
③ 턱걸이 내려갈 때 - 신장성 수축 ④ 공을 던질 때 - 등속성 수축

필수문제

39 골격근의 수축형태와 기능에 관한 설명으로 옳은 것은?

① 단축성 수축은 동적 수축이며 속도가 빠를수록 더 큰 힘이 생성된다.
② 단축성 수축은 근절의 길이가 짧아지는 수축이며 근절의 길이가 최소일 때 최대 힘이 생성된다.
③ 신장성 수축은 정적 수축이며 속도가 0일 때 최대 힘이 생성된다.
④ 동일 근육에서의 신장성 수축은 단축성 수축에 비해 같은 속도에서 더 큰 힘이 생성된다.

■ 단축성 수축은 활동근육의 길이가 짧아지며, 수축속도가 느릴수록 근력이 더 크다.
■ 최대 근력이 발휘되는 근절의 적정 길이가 있으며, 그보다 길거나 짧으면 근력은 감소한다.
■ 신장성 수축은 동적 수축이다.

심화문제

40 다음 중 근육의 길이가 늘어나면서 근력을 발휘시키는 것은?

① 등척성 수축 ② 신장성 수축 ③ 단축성 수축 ④ 등속성 수축

41 관절각의 변화 없이 근력이 발생하는 것은?

① 등장성 수축 ② 원심성 수축 ③ 등척성 수축 ④ 등속성 수축

■ 관절각도가 변하지 않았다는 것은 근육섬유의 길이는 변하지 않았다는 뜻이다.

정답 35 : ③, 36 : ②, 37 : ②, 38 : ④, 39 : ④, 40 : ②, 41 : ③

■신장성 수축은 동적 수축이어서 수축속도가 빠를수록 더 큰 힘이 생성된다.
■단축성 수축은 수축속도가 느릴수록 더 큰 힘이 생성된다. 따라서 같은 속도일 때에는 신장성 수축이 단축성 수축보다 더 큰 힘이 생성된다.
p.42 참조.

42 보기의 ㉠, ㉡에 들어갈 내용이 바르게 나열된 것은?

> 보기
> » 골격근의 신장성 수축은 수축 속도가 (㉠) 더 큰 힘이 생성된다.
> » 동일 골격근에서 단축성 수축은 신장성 수축에 비해 같은 속도에서 더 (㉡) 힘이 생성된다.

	㉠	㉡		㉠	㉡
①	빠를수록	작은	②	느릴수록	작은
③	느릴수록	큰	④	빠를수록	큰

■**근수축과정** : 신경과 근세포가 만나 골격근세포에 자극(축삭종말에 도달하면 아세틸콜린 방출) → 근육세포의 활동전위 발생 → 근형질세망에 저장되어 있던 칼슘이온 방출 → 칼슘이온은 가는 필라멘트의 트로포닌 분자와 결합 → 가는필라멘트와 굵은필라멘트 연결 → ATP 분해로 발생하는 에너지를 이용하여 운동

필수문제

43 보기에 제시된 근수축 과정을 단계별로 바르게 나열한 것은?

보기
㉠ 근육세포의 활동전위(action potential) 발생
㉡ 근형질세망(SR)에서 칼슘이온(Ca^{2+}) 분비
㉢ 축삭 종말에서 아세틸콜린(ACh) 방출
㉣ ATP 분해에 따른 근세사 활주 시작

① ㉠-㉢-㉣-㉡　　② ㉡-㉢-㉠-㉣
③ ㉢-㉠-㉡-㉣　　④ ㉣-㉢-㉡-㉠

■④ 신장성 수축은 수축속도가 빠를수록, 단축성 수축은 수축속도가 느릴수록 최대근력의 크기가 커진다.
■신장성 수축이 단축성 수축보다 더 큰 근력을 발휘한다.

필수문제

44 근육이 발휘할 수 있는 근력의 크기는 일정한 것이 아니고 환경에 따라 변화되는 것을 설명한 것이다. 틀린 것은?

① 최대근력을 발휘할 수 있는 근육의 길이가 근육마다 다르다.
② ①을 "관절의 각도에 따라서 근육이 발휘할 수 있는 최대근력의 크기가 다르다."고도 표현한다.
③ 수축형태(신장성 수축 또는 단축성 수축)에 따라서도 최대근력의 크기가 다르다.
④ 수축속도와 발휘할 수 있는 최대근력 사이에는 아무런 관계도 없다.

정답 42 : ①, 43 : ③, 44 : ④

심화문제

45 근력발휘에 대한 설명이다. 옳은 것은?

① 근력발휘 초기에 근육원섬유마디의 길이가 길수록 큰 힘을 발휘한다.
② 자극의 빈도가 감소할수록 큰 힘을 발휘한다.
③ 수축속도가 빠를수록 큰 힘을 발휘한다.
④ 동원되는 운동단위의 수가 많을수록 큰 힘을 발휘한다.

필수문제

46 근력 트레이닝의 효과를 설명한 것이다. 옳은 것은?(2개)

① 근력 트레이닝 초기의 근력 증가는 동원되는 운동단위의 수가 증가하였기 때문이다.
② 근육섬유의 굵기가 굵어진 것은 근육섬유 내에 근육원섬유와 근육세포질이 더 생겼기 때문이다.
③ 근력이 증가한 것은 단위 면적당 발휘하는 근력이 증가하였기 때문이다.
④ 근력이 증가한 것은 동원되는 운동단위의 수가 증가한 것과 근육섬유가 비대해졌기 때문이다.

■ ①은 신경요인의 변화(예 : 신경의 전도속도가 빨라진 것) 때문이다. ③은 단위면적당 근력의 세기가 변한 것이 아니라 근육의 단면적이 증가하였기 때문에 근육 전체가 발휘하는 근력이 증가한 것이다.

심화문제

47 장기간의 운동이 뼈대근육에 미치는 효과와 관련된 설명이다. 바르게 설명한 것은?

① 근육섬유를 비대하게 하고, 모세혈관의 수를 증가시킨다.
② 근육섬유의 굵기는 유전적으로 정해지지만, 근육섬유의 수는 훈련에 의해 변한다.
③ 에너지대사능력은 트레이닝의 영향을 받지 않는다.
④ 훈련을 하지 않으면 근육비대는 발생하지 않는다.

■ ② 근육섬유의 수는 유전적으로 결정된다. ③ 트레이닝을 하면 에너지 대사능력이 향상된다. ④ 어린이가 자라면 훈련을 하지 않아도 근육비대가 생긴다.

48 근력 결정요인으로 옳지 않은 것은?

① 근육 횡단면적　　② 근절의 적정 길이
③ 근섬유 구성비　　④ 근섬유막 두께

■ 근력의 결정요인 : 근육의 (횡)단면적, 근육섬유의 종류, 근육의 길이, 관절의 각도

49 근력트레이닝에 따른 근육의 적응현상과 거리가 가장 먼 것은?

① 근육 단면적의 변화 : 근육섬유의 비대
② 모세혈관 밀도의 변화 : 산소와 영양소 공급 증가
③ 마이오글로빈 함유량의 변화 : 유산소대사능력 향상
④ 뼈의 밀도 변화 : 뼈세포 감소

■ 근력트레이닝을 하면 뼈세포가 증가한다.

정답　45 : ④, 46 : ②, ④, 47 : ①, 48 : ④, 49 : ④

50 다음은 훈련에 대한 뼈대근육의 적응현상(트레이닝의 효과)에 대한 설명이다. 틀린 것은?

① 근력이 향상되는 것은 근육섬유의 수가 증가하는 것이 주된 원인이다.
② 근육섬유의 비대는 근육원섬유의 증가, 근육세포질의 증가, 결합조직의 증가와 같은 구조적인 변화가 있어야 한다.
③ 신경조절 요인 중에서 운동단위의 동시동원은 힘의 발현속도를 증가시킨다.
④ 저항훈련 초기의 근력 증가는 신경적응 현상에 의한 것이다.

▪ 훈련을 하면 근육섬유의 수에는 변화가 없고, 근육섬유가 비대해진다.

51 트레이닝 초기에 근력이 증가하였을 때, 가장 먼저 영향을 준 요인은?

① 근신경계통의 발달
② 근섬유의 크기 증가
③ 근섬유의 숫자 증가
④ 스테로이드 호르몬에 의한 근비대

▪ 트레이닝에 의해서 가장 먼저 발달하는 것은 근육신경계통이고, 근섬유의 숫자는 절대로 증가하지 않는다.

필수문제

52 유산소 트레이닝에 의한 골격근의 적응 현상으로 옳지 않은 것은?

① 모세혈관의 밀도 증가
② TypeⅡ 섬유의 현저한 크기 증가
③ 마이오글로빈의 함유량 증가
④ 미토콘드리아의 수와 크기 증가

▪ 유산소 트레이닝에 의한 골격근의 적응 현상
- Type I (서근) 섬유 단면적의 증가
- 모세혈관밀도 증가
- 마이오글로빈의 함량 증가
- 미토콘드리아 수와 크기의 증가
- 산화효소의 활성도 증가

심화문제

53 다음은 유산소 훈련에 대한 뼈대근육의 적응현상을 설명한 것이다. 틀린 것은?

① Type I 근육섬유가 증가한다.
② 근육에 있는 모세혈관의 숫자가 증가한다.
③ 근육의 마이오글로빈 함량이 감소한다.
④ 근육세포 안에 있는 미토콘드리아의 숫자와 크기가 증가한다.
⑤ ATPase의 활성도가 증가한다.

▪ 유산소훈련을 하면 뼈대근육의 마이오글로빈 함량이 증가한다.

54 다음 중 굵은 필라멘트는?

① 마이오신
② 액틴
③ 트로포마이오신
④ 트로포닌

정답 50 : ①, 51 : ①, 52 : ②, 53 : ③, 54 : ①

필수문제

55 지구성 훈련을 통하여 기대할 수 있는 근섬유 내의 생화학적 변화와 관련이 없는 것은?

① 근섬유 내 모세혈관의 밀도가 증가하여 산소, 이산화탄소 및 포도당과 같은 화학물질의 확산 및 이동거리가 짧아진다.
② 근섬유의 모세혈관 밀도는 Type I 보다는 Type II 근섬유에서 더욱 현저하게 증가한다.
③ 미토콘드리아 내의 유산소성 효소가 증가되기 때문에 크렙스사이클 및 전자전달계의 효율성이 좋아진다.
④ 미오글로빈의 농도가 증가하여 근육 내 산소 운반능력이 좋아진다.

■ 지구성 훈련을 하면 Type I (지근) 섬유가 발달한다.

심화문제

56 저항성 트레이닝에 의한 근력 향상의 요인으로 적절하지 않은 것은?

① Type I 섬유 수의 증가
② TypeII 섬유 크기의 증가
③ 동원되는 운동단위 수의 증가
④ 동원되는 십자형교(cross - bridge) 수의 증가

■ 저항성 트레이닝을 하면 Type I (지근) 섬유의 수가 증가하지 않는다.

57 장기간의 저항성 트레이닝에 따른 골격근의 적응으로 적절하지 않은 것은?

① 근형질(sarooplasm)의 양이 증가한다.
② 근원섬유(myofibril)의 수가 증가한다.
③ 미토콘드리아(mitochondria)의 밀도가 증가한다.
④ 속근섬유(type II fiber)의 단면적이 증가한다.

■ 장기간 저항성 트레이닝을 하면 미토콘드리아의 수와 크기는 증가하지만, 밀도에는 영향을 미치지 않는다.

58 저강도(1RM의 30~40%)의 고반복(세트당 20~25회) 저항성 트레이닝에 따른 골격근의 주요 변화로 적절한 것은?

① 근지구력(muscle endurance) 향상
② 근비대(muscle hypertrophy)
③ 근력(muscle strength) 향상
④ 근파워(muscle power) 향상

■ 저중량 고반복운동이 근지구력 향상에 좋다. 고중량 저반복운동은 순발력 향상에 좋다.

59 근지구력 트레이닝의 효과를 잘못 설명한 것은?

① 단위면적당 모세혈관의 수가 증가한다.
② 근육섬유 내의 미토콘드리아의 수와 크기가 증가한다.
③ 최대근력이 현저하게 증가한다.
④ 근육의 유산소대사능력이 증가한다.

■ 뼈대근육의 근지구력 트레이닝 효과(p. 43) 참조

정답 55 : ②, 56 : ①, 57 : ③, 58 : ①, 59 : ③

필수문제

60 근세사 활주설(slicing filamment theory)에 관한 설명으로 적절하지 않은 것은?

① 액틴(actin)은 근절(sarcomere)의 중앙부위로 마이오신(myosin)을 잡아당긴다.
② 마이오신 머리(myosin head)에 있는 인산기(PI)가 방출되면서 파워 스트로크(power stroke)가 일어난다.
③ 활동전위는 근형질세망(sarcoplasmic reticulum)으로부터 나온 Ca^{2+}을 근형질(sarcoplasm) 내로 유입하게 한다.
④ Ca^{2+}은 액틴 세사의 트로포닌(troponin)과 결합하고 트로포닌은 트로포마이오신(tropomyosin)을 이동시켜 마이오신 머리가 액틴과 결합할 수 있도록 한다.

■근세사활주설(근육활주설)의 첫 단계는 마이오신 머리가 액틴에 부착되어 교차결합을 이룬다.

필수문제

61 보기의 ㉠~㉢에 들어갈 용어가 바르게 나열된 것은?

보기
【근육수축 과정】
» 골격근막의 활동전위는 가로세관(T-tubule)을 타고 이동하여 근형질세망(sarcoplasmic reticulum)으로부터 (㉠) 유리를 자극한다.
» 유리된 (㉠)은 액틴(actin) 세사의 (㉡)에 결합하고, (㉡)은 (㉢)을 이동시켜 마이오신(myosin) 머리가 액틴과 결합할 수 있도록 한다.

	㉠	㉡	㉢
①	칼륨	트로포닌	트로포마이오신
②	칼슘	트로포마이오신	트로포닌
③	칼륨	트로포마이오신	트로포닌
④	칼슘	트로포닌	트로포마이오신

■골격근막의 활동전위 : 가로세관을 타고 이동→근형질세망에 저장되어 있는 칼슘방출→액틴 세사(가는세사)의 트로포닌 분자와 결합→액틴 세사와 마이오신 세사의 결합을 차단하고 있는 트로포마이오신의 위치 변경→십자형 가교 결합→액틴 세사와 마이오신 세사 연결

심화문제

62 다음 중 근원섬유(근육원섬유)에서 근수축을 활성화시킬 수 있도록 칼슘이온이 접착하는 부위는?

① 액틴 ② 마이오신 ③ 트로포닌 ④ 트로포마이오신

63 다음 중 신경자극과 근수축 발생까지의 현상을 나타낸 것으로서 바르지 않은 것은?

① 칼슘이 근형질세망에서 방출된다.
② 칼슘펌프에 의해 칼슘이 제거된다.
③ 액틴과 마이오신이 결합하여 액토마이오신이 형성된다.
④ 근수축을 위해 운동신경의 종말로부터 아세틸콜린을 분비한다.

■칼슘이 제거되면 근수축이 일어날 수 없다.

정답 60 : ①, 61 : ④, 62 : ③, 63 : ②

CHAPTER 05 내분비계통과 운동

내분비계통

- 우리 몸의 내부로 호르몬을 분비하는 신체기관들을 총칭하는 것으로 뇌하수체, 솔방울샘(송과체), 갑상샘, 부갑상샘, 이자(췌장), 부신, 생식샘(성선) 등이 있다.
- 내분비기관이 호르몬을 혈액 내로 분비하면 호르몬이 혈액을 타고 목표 장기로 이동하여 효과를 나타낸다.
- 호르몬은 신체의 성장과 발달, 대사 및 항상성을 유지하는 데 중요한 역할을 담당한다.
- 호르몬은 구성 성분에 따라 크게 펩타이드호르몬과 스테로이드호르몬으로 나눌 수 있다.

주요 호르몬의 분비기관, 분비호르몬의 이름, 주요 생리작용

기관	이름(약칭)	주요 생리작용
시상하부	성장호르몬방출호르몬(GHRH)	성장호르몬의 분비를 촉진
	부신겉질자극호르몬 방출호르몬(CRH)	부신겉질자극호르몬의 분비를 촉진
	생식샘자극호르몬 방출호르몬(GnRH)	황체형성호르몬과 난포자극호르몬의 분비를 촉진
	갑상샘자극호르몬 방출호르몬(TRH)	갑상샘자극호르몬 및 프롤락틴의 분비를 촉진
	소마토스타틴	성장호르몬분비를 억제
	멜라토닌	수면, 인체리듬의 조절
뇌하수체 앞엽	성장호르몬(GH)	근육의 단백질합성을 촉진, 뼈의 성장을 촉진, 지방의 이화작용을 촉진
	부신겉질자극호르몬(ACTH)	부신겉질호르몬의 분비를 촉진, 아데노코르티코트로핀
	갑상샘자극호르몬(TSH)	갑상샘의 성장을 촉진, 갑상샘호르몬의 분비를 촉진, 사이트로핀
	난포자극호르몬(FSH)	난포의 성숙, 에스트로겐의 분비를 촉진
	황체형성호르몬(LH)	황체의 형성을 촉진, 배란을 촉진, 황체호르몬의 분비를 촉진, 남성은 남성호르몬의 분비를 촉진
	프롤락틴(PRL)	젖샘의 발육을 촉진(임신 중), 젖의 분비를 촉진(분만 후)
뇌하수체 뒤엽	항이뇨호르몬(ADH)	혈관 수축작용을 하며, 바소프레신이라고도 불린다. 요세관의 수분재흡수를 촉진하여 소변량 억제, 혈압 상승
	옥시토신(OT)	자궁근육의 수축
갑상샘	트라이아이오딘티로닌(T3)	기초대사의 유지 · 상승, 혈당의 상승. ※ 요소(=아이오딘) 원자를 3분자 가졌기 때문에 T3으로 표기된다.
	타이록신(T4)	작용은 T3과 동일하지만 T3이 몇 배 더 작용이 강하다.
	칼시토닌(CT)	혈중 칼슘농도의 저하, 뼈의 칼슘분해 억제
부갑상샘 (상피소체)	부갑상샘호르몬(PTH)	혈중 칼슘농도의 상승, 혈중에서 인산염을 소변으로 배설

이자	인슐린	뼈대근육, 지방조직의 글루코스 합성을 촉진, 혈중글루코스농도를 저하
	글루카곤	간의 글리코겐분해 등에 의하여 혈중글루코스농도를 상승
	소마토스타틴	인슐린의 분비를 억제, 성장호르몬의 분비를 억제
심장	심방나트륨이뇨펩타이드(ANP)	이뇨작용 및 말초혈관의 확장에 의한 혈압의 강하(심장의 부담을 가볍게 한다)
	뇌나트륨이뇨펩타이드(BMP)	주로 심실에서 합성, 이뇨작용에 의하여 체액량 및 혈압을 낮춘다, 전구체인 NTproBMP가 심실에 대한 부담의 지표로 이용된다.
부신속질	아드레날린(에피네프린)	동공의 확대, 심박수의 상승, 기관지의 확장, 말초혈관의 수축, 혈당의 상승
	노르아드레날린(노르에피네프린)	혈압의 상승(심장근육 수축) 등의 기능은 아드레날린과 동일하나 혈당의 상승 작용은 약하다.
부신겉질	코티솔(당질코르티코이드)	아미노산의 분해, 포도당의 합성, 항염증 작용, 항스트레스 작용
	알도스테론(전해질코르티코이드)	요세관에 작용하여 나트륨이온의 재흡수와 칼륨이온의 배설을 촉진
정소	안드로겐	테스토스테론, 디하이드로테스토스테론, 디하이드로에피안드로스테론 등의 총칭. 남성의 성기 발달 · 목소리 변화 등 남성의 2차 성징을 발현, 정자 형성을 촉진, 뼈 · 뼈대근육의 성장을 촉진(단백질동화작용)
난소	에스트로겐(난포호르몬)	에스트론(E1), 에스트라디올(E2), 에스트리올(E3)의 세 종류로 구성된다. 태반에서도 생산. 여성의 2차 성징을 발현하고, 배란을 촉진한다.
	게스타겐(황체호르몬)	주로 프로게스테론이라는 착상 및 임신을 유지하는 여성호르몬. 배란의 억제, 자궁점막의 증식, 젖샘발육을 촉진

※카테콜아민(CA) : 부신속질에서 분비됨. 교감신경자극전달물질로, 부신수질-교감신경계기능을 고찰하는 중요한 지표임. CA에는 아드레날린, 노르아드레날린, 도파민이 있다.

호르몬의 특성

1 호르몬

☞ 내분비계통에 있는 내분비세포에서 분비되는 물질이다.

☞ 신경계통과 함께 인체의 생리적 반응을 조절한다.

☞ 혈액 속에 분비되고, 혈액에 의해서 이동한다.

☞ 호르몬은 표적기관이 각기 다르고, 수행하는 역할도 모두 다르다.

2 호르몬의 작용

☞ 특정 호르몬의 수용체를 표적기관(표적조직)이 가지고 있다.

☞ 스테로이드 호르몬은 콜레스테롤에서 만들어지고, 지용성이다.

☞ 비스테로이드계(펩타이드)호르몬은 아미노산(단백질)에서 만들어지고, 수용성이다.

☞ 스테로이드계 호르몬은 세포막을 쉽게 통과할 수 있기 때문에 표적기관의 세포핵에 직접 달라붙어서 기능을 수행한다.

☞ 비스테로이드계 호르몬은 세포막을 잘 통과하지 못하기 때문에 2단계 전령시스템에 의해서 기능을 수행한다.

3 호르몬 분비의 조절

- 혈중 호르몬 농도는 부적피드백(negative feedback)에 의해서 조절된다.
- 양적피드백(positive feedback)에 의해서도 혈중 호르몬 농도를 조절한다.
- 호르몬 분비를 조절하는 목적은 신체의 항상성을 유지하기 위해서이다.
- 호르몬의 분비량과 호르몬 수용체의 민감도에 의해서 혈중 호르몬 농도가 조절된다.

운동 시 글루코스대사(혈당 조절)

- 간에서 혈액 내에 방출되는 글루코스의 양과 에너지를 얻기 위해서 근육이 혈액으로부터 흡수하는 글루코스의 양에 의해서 혈중 글루코스 농도(혈당치)가 결정된다.
- 글루코스의 방출을 돕는(혈당을 높이는) 호르몬은 글루카곤(이자), 에피네프린(부신수질), 노르에피네프린(부신수질), 코티졸(부신겉질)이고, 글루코스의 흡수를 돕는(혈당을 낮추는) 호르몬은 인슐린(이자)이다.
- 호르몬에 대한 세포의 민감도에 의해서도 혈당치가 영향을 받는다.

운동 시 지방대사

- 장시간 운동을 하면 혈중 글루코스와 근육 내의 글루카곤이 고갈된다.
- 그러면 지방을 분해해서 글루코스와 글루카곤을 보충한다.
- 이때 지방을 분해하는 속도는 글루코스대사에 동원되었던 호르몬들이 조절한다.
- 운동 시 지방분해 속도는 인슐린, 에피네프린, 노르에피네프린, 코티솔, 성장호르몬 등에 의해 조절된다.
- 코티졸은 유리지방산(FFA)의 사용을 증가시킨다.

운동 시 수분과 전해질의 조절

- 뇌하수체 후엽과 부신겉질에서 수분과 전해질을 조절하는 호르몬이 분비된다.
- 뇌하수체 후엽은 신경조직에 호르몬을 분비하기 때문에 신경뇌하수체라고도 하고, 뇌하수체 후엽에서는 항이뇨호르몬과 옥시토신이 분비된다.
- 항이뇨호르몬은 신장에서 재흡수되는 수분의 양을 증가시켜서 소변의 양을 줄인다고 해서 붙여진 이름이다.
- 혈액에서 빠져나갔던 수분을 다시 흡수한다는 것은 혈장의 양을 증가시킨다는 것이 되고, 그것은 다시 혈장의 농도를 낮춘다는(정상으로 되돌린다는) 것이 된다.
- 부신겉질에서는 전해질코르티코이드(알도스테론)를 분비한다.
- 전해질코르티코이드는 알도스테론이라고도 하며, 혈압·혈액량·나트륨과 칼륨의 혈장농도 조절에 관여한다.

산 · 염기의 평형

- 인체는 산도(pH)의 변화에 매우 민감하여 pH를 7.36~7.44로 조절하려고 노력한다.

☞ 운동을 하면 대사과정에서 생기는 이산화탄소가 물에 녹으면 탄산(H_2CO_3)이 되어 일시적으로 산성화된다.
☞ 그러면 신장에서 수소이온을 배출하거나
☞ 호흡으로 일산화탄소를 배출하거나
☞ 완충제[강산을 약산으로 만드는 중탄산염(HCO_3^-)]을 이용해서 산-염기 평형을 회복한다.

운동에 의한 혈중 호르몬의 반응

호르몬명	일회성 운동에 의한 혈중 호르몬의 반응	장기간 트레이닝에 의한 혈중 호르몬의 반응
성장호르몬	상승, 장시간 운동 후반에 감소	같은 운동에 대한 상승 정도가 적다. 장시간 운동에서 그 수준 유지
프롤락틴	상승, 장시간 운동 후반에 감소	여성은 상승
갑상샘자극호르몬	상승. 장시간 운동에서 감소	안정 상태에서 농도 감소
부갑상샘자극호르몬	상승. 장시간 운동에서 더욱 상승	같은 운동에 대한 상승 정도가 적다. 장시간 운동에서 그 수준 유지
바소프레신	상승	변화 없음
티록신	변화 없음 또는 상승(유리형에서도 불일치)	
칼시토닌	일반적으로 변화 없음. 그러나 장시간 운동에서 상승	
부갑상샘호르몬	운동 시에 비단련자의 안정 수준까지 상승. 장시간 운동에서도 그것을 유지	
광물코르티코이드	시간에 따라 상승	안정상태에서 농도가 감소
글루코코르티코이드	상승. 그러나 장시간 운동 후반에 안정 수치로 감소	지구력 트레이닝에서 동일한 운동 시에는 상승 정도가 적고, 격렬한 운동에서 더욱 상승
노르아드레날린	상승	동일한 운동 시에는 상승 정도가 적다(%최대산소섭취량으로 나타내면 불변).
아드레날린	고강도운동 시에는 상승	동일한 운동 시에는 상승 정도가 적다(%최대산소섭취량으로 나타내면 불변).
인슐린	감소. 장시간 운동 시에는 더욱 감소	안정상태에서 농도가 감소하여 동일 운동 시에는 감소 정도가 적다.
글루카곤	운동 후반에 상승	동일한 운동 시에는 상승 정도가 적다.
소마토스타틴	장시간 운동 시에는 점차 상승	
남성호르몬	격렬한 운동 시에는 상승 또는 변화 없음. 장시간 운동 시에는 감소	(남성) 안정상태에서의 수치가 근력 트레이닝으로 상승, 지구력 트레이닝으로 감소. (여성) 상승
여성호르몬	격렬한 운동 시에는 상승 또는 변화 없음	(남성) 안정상태에서 에스트로겐 감소 (여성) 배란기에 감소(안정상태에서 높아지기 때문)
레닌	상승. 장시간 운동 시에는 더욱 상승	안정상태에서 농도가 감소하여 동일 운동 시에는 상승 정도가 적다.
엔도르핀	상승	상승 정도가 크다.
cAMP	상승. 장시간 운동 시에는 더욱 상승	변화 없음

필수 및 심화 문제

필수문제

01 호르몬을 화학적 구조에 따라서 분류한 것은?

① 스테로이드호르몬　② 뇌하수체호르몬
③ 갑상샘호르몬　④ 항이뇨호르몬

■ 화학적 구조상 스테로이드핵을 갖는 호르몬을 총칭하여 스테로이드호르몬이라 하며, 이것은 스테로이드호르몬과 비스테로이드호르몬(펩타이드호르몬)으로 나눌 수 있다.

심화문제

02 에너지대사를 촉진하거나 억제시키는 호르몬을 분비하지 않는 곳은?

① 부신속질　② 부신겉질
③ 이자　④ 콩팥

■ 에너지대사와 관련이 있는 호르몬은 부신속질, 부신겉질, 이자에서만 분비된다. 〈외워둘 것〉

필수문제

03 보기에 있는 변화 중에서 운동에 의해서 엔도르핀의 분비가 증가했을 때 일어나는 변화들만을 모은 것은?

보기
㉠ 운동내성의 증가　㉡ 운동 후 감성(mood)의 변화
㉢ 심박수의 감소　㉣ 면역기능의 증진
㉤ 신경 전도속도의 향상

① ㉠ ㉢ ㉤　② ㉡ ㉢ ⑤　③ ㉢ ㉣ ⑤　④ ㉠ ㉡ ㉣

■ 엔도르핀 : 동물의 뇌 등에서 추출되는 모르핀과 같은 진통효과가 있는 물질의 총칭. 내인성 모르핀
■ 운동에 의한 엔도르핀 분비 상승 효과
- 운동내성 증가
- 운동탐닉 경향
- 장시간 운동 시 나타나는 유쾌한 기분
- 면역기능 향상

심화문제

04 엔도르핀을 분비하는 곳은?

① 뇌하수체뒤엽　② 뇌하수체앞엽
③ 시상하부　④ 소뇌

■ 엔도르핀은 뇌하수체 앞엽에서 분비되며, 모르핀과 같은 진통효과가 있다.

05 멜라토닌이 분비되는 곳은?

① 솔방울샘(송과체)　② 척수
③ 갑상샘　④ 부신

■ 멜라토닌은 송방울샘에서 생성 · 분비되며 바이오리듬조절 기능을 한다.

정답　01 : ①, 02 : ④, 03 : ④, 04 : ②, 05 : ①

■ 에피네프린은 부신속질(부신수질)에서, 티록신은 갑상샘에서, 성장호르몬은 뇌하수체앞엽에서 분비된다.

■ ① 노르에피네프린 : 부신속질에서 분비. 스트레스 반응, 혈압 상승.
■ ③ 성장호르몬 : 뇌하수체앞(전)엽에서 분비. 근육의 단백질 합성 촉진, 뼈 성장 촉진, 지방의 이화작용 촉진.
■ ④ 인슐린 : 이자(췌장)에서 분비. 뼈대근육과 지방조직의 글루코스합성 촉진, 혈중 글루코스 농도 저하.

■ ㉢ 에리스로포이에틴(콩팥에서 분비) : 적혈구 생산 촉진
■ ㉣ 항이뇨호르몬(뇌하수체 후엽에서 분비) : 수분손실 감소
■ ㉠ 인슐린(췌장의 랑게르한스섬에서 분비) : 혈당 감소, 아미노산의 단백질 합성 보조
■ ㉡ 성장호르몬(뇌하수체 전엽에서 분비) : 단백질 합성 촉진, 세포의 크기와 수 증가

■ 내분비샘을 자극하는 호르몬들은 뇌하수체앞엽에서 분비되기 때문에 뇌하수체를 내분비계통의 대장이라고도 한다.

필수문제

06 에피네프린, 티록신, 성장호르몬의 분비기관과 호르몬의 기능이 올바르게 짝지어진 것은?

	에피네프린	티록신	성장호르몬
①	부신속질 – 중성지방분해	갑상샘 – 대사 촉진	뇌하수체앞엽 – 단백질 합성
②	부신겉질 – 중성지방분해	뇌하수체앞엽 – 단백질 합성	뇌하수체앞엽 – 단백질 합성
③	뇌하수체앞엽 – 단백질 합성	뇌하수체앞엽 – 단백질 합성	갑상샘 – 대사 촉진
④	뇌하수체앞엽 – 단백질 합성	갑상샘 – 대사율 촉진	부신겉질 – 중성지방분해

필수문제

07 보기가 설명하는 호르몬은?

보기
» 운동 시 뇌하수체 전엽에서 분비된다.
» 트라이아이오드타이로닌(T_3)과 티록신(T_4) 호르몬의 분비를 조절한다.

① 노르에피네프린(norepinephrine)
② 갑상선자극호르몬(thyroid–stimulating hormone)
③ 성장호르몬 (growth hormone)
④ 인슐린(insulin)

필수문제

08 보기 중 적절한 것으로만 나열된 것은?

보기
㉠ 인슐린(insulin)은 혈당을 증가시킨다.
㉡ 성장호르몬(growth hormone)은 단백질 합성을 감소시킨다.
㉢ 에리스로포이에틴(erythropoietin)은 적혈구 생산을 촉진시킨다.
㉣ 항이뇨호르몬(antidiuretic hormone)은 수분손실을 감소시킨다.

① ㉠, ㉡　② ㉠, ㉢　③ ㉡, ㉣　④ ㉢, ㉣

필수문제

09 중추신경계통에서 호르몬을 분비하는 곳은?

① 숨뇌　② 시상하부　③ 갑상샘　④ 뇌하수체앞엽

정답　06 : ①, 07 : ②, 08 : ④, 09 : ④

심화문제

10 다음 중 일회성 운동에서 운동강도에 따라 분비량이 가장 크게 증가하는 호르몬은?

① 부신겉질자극호르몬
② 난포자극호르몬
③ 갑상샘자극호르몬
④ 인슐린

필수문제

11 뇌하수체 앞엽에서 분비되는 성장호르몬의 기능에 대한 설명으로 적합하지 않은 것은?

① 간조직의 글리코겐 분해 자극
② 간조직의 당신생과정 자극
③ 지방조직으로의 당 이동 제한과 지방 동원 자극
④ 단백질 합성 및 골 성장 자극

■ 성장호르몬의 기능
· (뇌를 제외한) 다른 신체 부위의 성장을 자극
· 칼슘저장량을 증가시키고 뼈의 석회화(연골의 경골화, 즉 성장) 촉진
· 단백질 합성 및 뼈 성장 자극
· 지방 분해 촉진
· 간의 포도당 흡수 감소
· 간 내 포도당 합성 촉진
· 랑게르한스섬 작용에 관여
· 면역작용 촉진

심화문제

12 이 호르몬의 분비 증가는 결합조직 및 근육조직의 성장에 매우 유용하고, 단련된 사람의 뼈·인대·힘줄 등이 튼튼한 것과 관련이 있다. 이 호르몬은?

① 프로락틴
② 엔도르핀
③ 성장호르몬
④ 인슐린

■ 근육조직의 성장에 유용한 호르몬은 성장호르몬이다.
■ 프로락틴은 젖샘의 발육·발달과 관련이 있다.

13 운동 시 호르몬이 분비되는 내분비선과 주요기능에 관한 설명으로 옳지 않은 것은?

	호르몬	내분비선	주요기능
①	알도스테론	부신피질	나트륨(Na+) 흡수, 수분 손실 억제
②	코티졸	부신피질	당신생, 유리지방산 동원 증가
③	에피네프린	부신수질	근육과 간 글리코겐 분해, 유리지방산 동원 증가
④	성장호르몬	뇌하수체후엽	단백질 합성 증가, 유리지방산 동원 증가

■ 성장호르몬 : 뇌하수체앞엽에서 분비. 조직의 성장 촉진, 단백질합성속도 증가, 지방사용 증가, 탄수화물 사용 증가

필수문제

14 운동 중 수분과 전해질의 균형에 영향을 미치는 호르몬을 분비하는 곳은?

① 뇌하수체뒤엽
② 뇌하수체뒤엽과 부신겉질
③ 부신겉질
④ 콩팥과 부신겉질

■ 뇌하수체뒤엽에서는 항이뇨호르몬, 부신겉질에서는 전해질코르티코이드(코티졸)를 분비한다.

정답 10 : ①, 11 : ①, 12 : ③, 13 : ④, 14 : ②

■항이뇨호르몬은 신장(콩팥)에서 재흡수되는 수분의 양을 증가시켜 소변의 양을 줄인다.

심화문제

15 체내의 수분량을 조절하는 호르몬은?

① 인슐린 ② 노르에피네프린
③ 항이뇨호르몬 ④ 테스토스테론

■부신수질(부신속질)에서 분비되는 카테콜아민(에피네프린과 노르에피네프린)은 심장근육을 수축시키므로 혈류량을 증가시킬 수 없다.

필수문제

16 운동하는 근육으로의 혈류량을 증가시키는 국소적 내인성(intrinsic) 자율조절 요소로 적절하지 않은 것은?

① 수소이온, 이산화탄소, 젖산 등 대사 부산물
② 부신수질로부터 분비된 카테콜아민(catecholamine)
③ 혈관 벽에 작용하는 압력에 따른 근원성(myogenic) 반응
④ 혈관내피세포(endothelial cell)에서 생성된 산화질소, 프로스타글랜딘(prostaglandin), 과분극인자(hyperpolarizing factor)

심화문제

17 운동 시 뇌하수체후(뒤)엽에서 분비되어 신장(콩팥)을 통한 수분손실을 감소시켜주는 호르몬은?

① 항이뇨호르몬 ② 에피네프린
③ 칼시토닌 ④ 코티졸

■항이뇨호르몬과 옥시토신은 뇌하수체뒤엽에서 분비된다. 뇌하수체앞엽에서는 샘을 조절(자극)하는 호르몬들이 분비된다.

18 내분비기관과 호르몬이 잘못 짝지어진 것은?

① 이자 －인슐린 ② 이자 －글루카곤
③ 뇌하수체앞엽 －항이뇨호르몬 ④ 뇌하수체뒤엽 －옥시토신

■부갑상샘호르몬이 혈중 칼슘농도를 증가시키고, 갑상샘호르몬이 낮춘다.

필수문제

19 혈중 칼슘농도를 증가시키는 호르몬은?

① 부갑상샘호르몬 ② 갑상샘호르몬
③ 부신속질호르몬 ④ 부신겉질호르몬

정답 15 : ③, 16 : ②, 17 : ①, 18 : ③, 19 : ①

필수문제

20 보기는 췌장에서 분비되는 혈당조절 호르몬에 대한 설명이다. ㉠, ㉡에 들어갈 용어를 바르게 나열한 것은?

보기
» (㉠)은 혈당 저하 시 글리코겐과 중성지방의 분해를 증가시켜, 혈당을 높여주는 역할을 한다.
» (㉡)은 혈당 증가 시 세포 안으로 포도당 흡수를 촉진하여, 혈당을 낮추는 역할을 한다.

① ㉠인슐린 ㉡글루카곤 ② ㉠인슐린 ㉡알도스테론
③ ㉠글루카곤 ㉡알도스테론 ④ ㉠글루카곤 ㉡인슐린

■ 글루카곤 : 이자의 랑게르한스섬에 있는 알파(α)세포에서 분비되는 호르몬. 주로 간에 작용하여 포도당을 신생시켜 혈액으로 포도당을 방출하여 혈당을 상승시킨다.
■ 인슐린 : 탄수화물·지방·단백질 등 모든 영양소의 합성을 촉진하고, 혈당이 높을 때 분비되어 혈액 내 포도당을 근육·간·지방조직으로 유입되게 하며, 아미노산이 단백질로 합성하는 작용을 한다.

심화문제

21 혈액 내에 있는 당분이 뼈대근육의 세포와 같은 조직세포의 안으로 유입되는 것을 촉진하여 혈당의 농도를 줄이는 호르몬은?

① 인슐린 ② 성장호르몬
③ 카테콜아민 ④ 글루카곤

■ 이자섬(랑게르한스섬)에서 분비되는 인슐린은 혈당 조절에 관여한다.

22 혈액 내의 글루코스 수준을 낮추는 호르몬은?

① 인슐린 ② 글루카곤
③ 당질코티코이드(코티졸) ④ 에스트로겐

■ 혈액 내의 글루코스 수준을 낮추는 것은 이자에서 분비되는 인슐린이고, 높이는 것은 이자에서 분비되는 글루카곤이다.〈외워둘 것〉.

23 부족하면 당뇨병이 생기는 호르몬은?

① 글루카곤 ② 인슐린
③ 성장호르몬 ④ 티록신

24 일회성 운동 시 호르몬 반응에 대한 설명으로 올바르지 않은 것은?

① 카테콜아민의 혈중농도는 운동강도에 비례하여 증가한다.
② 인슐린의 혈중농도는 운동지속시간에 비례하여 증가한다.
③ 글루카곤의 혈중농도는 운동지속시간에 비례하여 증가한다.
④ 코티졸의 혈중농도는 운동지속시간에 비례하여 증가한다.

■ 운동을 하면 혈중 인슐린 농도는 휴식 시의 50% 이하 감소한다.

25 1시간 이내의 중강도 운동 시 시간 경과에 따라 혈중 농도가 점차 감소하는 호르몬은?

① 에피네프린(epinephrine) ② 인슐린(insulin)
③ 성장호르몬(growth hormone) ④ 코르티솔(cortisol)

■ p. 62 참조.

정답 20 : ④, 21 : ①, 22 : ①, 23 : ②, 24 : ②, 25 : ②

26 제2형 당뇨(type-2 diabetes)의 원인으로 알려지고 있는 주된 호르몬은?

■ 인슐린에 대한 민감성이 저하된 것이 제2형당뇨이다.

① 카테콜아민(catecholamine) ② 인슐린(insulin)
③ 글루카곤(glucagon) ④ 코티졸(cortisol)

27 보기에서 설명하는 호르몬은?

보기
» 췌장의 베타세포에서 분비된다.
» 혈당(glucose) 조절에 관여한다.
» 장시간의 운동 중 혈액 내 농도는 감소된다.

① 인슐린(insulin) ② 글루카곤(glucagon)
③ 알도스테론(aldosterone) ④ 에피네프린(epinephrine)

■ 20번 문제 참조

28 혈중 글루코스 수준을 증가시키는 호르몬과 분비장소를 바르게 연결한 것은?

① 인슐린-췌장 베타세포 ② 글루카곤-췌장 알파세포
③ 인슐린-췌장 알파세포 ④ 글루카곤-췌장 베타세포

29 혈당 수준을 높이는 호르몬은?

① 글루카곤 ② 인슐린
③ 코티졸 ④ 아드레날린

필수문제

30 보기에서 설명하는 호르몬은?

보기
» 운동 시 부신수질로부터 분비가 증가된다.
» 간과 근육의 글리코겐 분해를 촉진시킨다.
» 심박수와 심근의 수축력을 증가시킨다.

① 에스트로겐(estrogen)
② 에피네프린(epinephrine)
③ 성장호르몬(growth hormone)
④ 갑상선자극호르몬(thyroid stimulating hormone)

■ 에피네프린의 기능
· 심장에 작용하여 심박수 증가
· 간이나 근육에 작용하여 당원 분해 촉진
· 혈당상승
· 트레이닝 후 지방세포의 호르몬민감성 지방분해효소라는 에피네프린과 노르에피네프린에 의해 민감해져 지방산동원 증진

정답 26 : ②, 27 : ①, 28 : ②, 29 : ①, 30 : ②

심화문제

31 **보기가 설명하는 호르몬은?**

> 보기
> » 부신수질에서 분비된다.
> » 운동의 강도와 시간이 증가함에 따라 분비가 증가하며, 지방조직과 근육 내 지방의 분해를 촉진하는 역할을 한다.

① 인슐린(insulin) ② 에피네프린 (epinephrine)
③ 글루카곤(glucagon) ④ 알도스테론(aldosterone)

32 **부신속질에서 분비되는 호르몬의 80%를 차지하는 것은?**

① 에피네프린 ② 무기질 코르티코이드
③ 당질 코르티코이드 ④ 성 스테로이드

33 **분비기관과 분비호르몬이 잘못 짝지어진 것은?**

① 이자 –인슐린
② 뇌하수체앞엽 –갑상샘자극호르몬
③ 뇌하수체뒤엽 –항이뇨호르몬
④ 부신겉질 –에피네프린

■ 부신겉질에서 분비되는 호르몬은 모두 '코르티(corti) ~ '라 부르고, 부신속질에서 분비되는 호르몬은 모두 '~ 에피네프린'이다.

34 **글리코겐이나 지방을 분해하는 호르몬을 분비하는 기관과 호르몬을 잘 짝지은 것은?**

① 부신속질–에피네프린과 노르에피네프린
② 부신겉질–에피네프린과 노르에피네프린
③ 콩팥–항이뇨호르몬
④ 이자–인슐린

필수문제

35 **카테콜아민(Catecholamine)을 의미하는 두 가지 호르몬으로 바르게 연결된 것은?**

① 인슐린(insulin) : 글루카곤(glucagon)
② 코티졸(cortisol) : 티로신(tyrosine)
③ 아드레날린(adrenaline) : 코티졸(cortisol)
④ 에피네프린(epinephrine) : 노르에피네프린

■ 카테콜을 함유하고 있는 아민의 총칭이다. 카테콜아민에는 도파민, 아드레날린, 노르아드레날린 등이 있으며, 모두 부교감신경의 전달물질로 부신수질에서 분비된다. 이름에서 '아드레날'은 '부신이라는 뜻이고, 에피네르핀에서 '에피'는 껍데기, '네프론'은 신장을 뜻한다.

■ p. 60 참조

정답 31 : ②, 32 : ①, 33 : ④, 34 : ①, 35 : ④

■ **칼시토닌** : 갑상샘에서 분비. 뼈에서 혈액의 칼슘이온 농도 조절
■ **부갑상선(샘)호르몬** : 부갑상선(샘)에서 분비. 소장 · 신장 · 뼈에서 세포외액의 칼슘이온 농도 조절
■ **인슐린** : 췌장에서 분비. 포도당 수준의 감소로 혈당 농도 조절
■ **안드로겐** : 스트로이드계통
■ **티록신** : 아미노산 유도체
■ **글루카곤** : 간에서 분비. 글리코겐 분해 촉진 또는 글리코겐 합성효소 억제

필수문제

36 보기의 ㉠, ㉡에 들어갈 호르몬이 바르게 연결된 것은?

보기
규칙적인 신체활동을 통해 골형성을 자극하거나 활동부족으로 골손실을 자극하는 칼슘(Ca2+) 조절 호르몬의 역할에 대한 설명이다.
» (㉠)은 혈중 칼슘 농도가 증가하면 뼈의 칼슘 방출을 감소시킨다.
» (㉡)은 혈중 칼슘 농도가 감소하면 뼈의 칼슘 방출을 증가시킨다.

	㉠	㉡
①	인슐린	부갑상선호르몬
②	안드로겐	티록신
③	칼시토닌	부갑상선호르몬
④	글루카곤	티록신

심화문제

37 운동 중에 호르몬이 글루코스 대사를 조절하는 것을 설명한 내용이다. 틀린 것은?

① 글루카곤 : 간에 저장된 글리코겐의 분해를 촉진하고, 아미노산으로부터 글루코스 합성을 촉진한다.
② 노르에피네프린 : 글리코겐 분해를 촉진한다.
③ 코티졸 : 단백질 분해를 촉진한다(결과적으로 글루코스 신생합성을 촉진한다).
④ 알도스테론 : 글리코겐 분해를 촉진한다.

■ 알도스테론은 나트륨이온의 재흡수를 촉진한다.

38 알도스테론의 분비에 영향을 미치지 않는 것은?

① 혈장나트륨의 감소
② 혈액량의 감소
③ 혈압의 감소
④ 혈장칼륨의 감소

■ ①, ②, ③과 혈장 칼륨의 증가가 알도스테론을 분비하도록 자극한다.

정답 34 : ③, 37 : ④, 38 : ④

필수문제

39 **보기에서 괄호에 들어갈 용어를 바르게 연결한 것은?**

보기
체액(혈압) 감소→간에서 안지오텐시노겐 분비→신장에서 분비된 (㉠)이/가 안지오텐시노겐을 안지오텐신-I으로 전환→(㉡)이/가 안지오텐신-I을 안지오텐신-II로 전환→안지오텐신-II가 부신피질로부터 (㉢)의 생성 및 분비→분비된 (㉢)이/가 신장의 세뇨관에서 수분 및 전해질의 재흡수 촉진→체액(혈압) 증가

① ㉠ 레닌- ㉡ 알도스테론- ㉢ 안지오텐신 전환효소
② ㉠ 레닌- ㉡ 안지오텐신 전환효소- ㉢ 알도스테론
③ ㉠ 안지오텐신 전환효소- ㉡ 레닌- ㉢ 알도스테론
④ ㉠ 안지오텐신 전환효소- ㉡ 알도스테론- ㉢ 레닌

■사구체 옆 세포에 저장되어 있던 레닌이 분비되면→안지오텐신 I→안지오텐신 II→알도스테론 분비→수분과 염분의 재흡수(콩팥에 의한 혈압조절)

심화문제

40 **나트륨과 칼륨을 조절하는 호르몬은?**

① 전해질코르티코이드(알도스테론)
② 당질코르티코이드(코티졸)
③ 인슐린
④ 에피네프린

■나트륨과 칼륨이 전해질이라는 것을 생각하면 답을 알 수 있다.

41 **보기의 모든 과정이 적용되는 인체 체액량 유지 호르몬은?**

보기
» 운동 시 수분손실에 자극된다.
» Na^+을 재흡수하여 수분 손실을 억제한다.
» 부신피질에서 분비된다.
» 표적기관은 신장이다.

① 코티졸(cortisol)
② 알도스테론(aldosterone)
③ 항이뇨호르몬(antidiuretic hormone)
④ 에피네프린(epinephrine)

■부신피질에서 분비되는 알도스테론은 운동 시 수분손실에 의해 자극을 받아 원위세뇨관에서 Na^+ 재흡수를 촉진하고, K^+ 배출의 촉진 작용을 통해 혈중 Na^+ 농도와 K^+ 농도가 일정하도록 조절한다.

42 **운동 중 지방의 대사를 조절하는 호르몬이 아닌 것은?**

① 코티졸
② 레닌
③ 노르에피네프린
④ 성장호르몬

■운동 시 지방분해의 속도는 인슐린, 에피네프린, 노르에피네프린, 코티졸, 성장호르몬 등에 의해 조절된다.

정답 39 : ②, 40 : ①, 41 : ②, 42 : ②

■ 호르몬의 특성
· 내분비계통에 있는 내분비세포에서 분비됨.
· 신경계통과 함께 인체의 생리적 반응 조절
· 혈액 속에서 분비되고, 혈액과 함께 이동
· 표적기관과 수행하는 역할이 각각 다름.

필수문제

43 호르몬의 특성을 잘못 설명한 것은?

① 내분비계통에 있는 내분비세포에서 분비되는 물질이다.
② 신경계통과 함께 인체의 생리적 반응을 조절한다.
③ 혈액 속에 분비되고, 혈액에 의해서 이동한다.
④ 호르몬은 이름만 다르지 수행하는 기능은 서로 비슷하다.

심화문제

44 호르몬의 특성이 아닌 것은?

① 미량으로 강력한 기능을 수행한다.
② 여러 가지 대사과정을 조절한다.
③ 혈액이 운반한다.
④ 전달속도가 느리고, 작용하는 시간도 짧다.

■ 운동을 하면 혈중 인슐린 농도는 휴식 시 수준의 50% 이하로 감소한다(24번 문제 참조).

45 호르몬의 분비반응에 대한 설명이다. 틀린 것은?

① 고강도로 운동을 하면 카테콜아민이 분비된다.
② 운동을 하면 인슐린의 분비가 증가한다.
③ 장기간 훈련을 하면 성장호르몬의 분비가 증가한다.
④ 운동을 하면 갑상샘호르몬의 분비가 증가한다.

■ 땀이 나오면 수분이 부족하므로 항이뇨호르몬 분비가 증가한다.

46 운동 중 수분과 전해질의 균형을 유지하기 위한 호르몬 반응이 아닌 것은?

① 운동 시 수분이 부족하면 레닌의 생성을 촉진한다.
② 세뇨관에서 나트륨과 수분의 재흡수를 촉진하기 위하여 알도스테론이 분비된다.
③ 수분 부족 시 항이뇨호르몬이 분비된다.
④ 근육활동으로 땀이 많이 분비되면 항이뇨호르몬의 분비가 감소된다.

■ 호르몬 분비의 조절 목적은 항상성을 유지하기 위해서이다.

47 호르몬 분비의 조절에 대한 설명이다. 틀린 것은?

① 일반적으로 혈중 호르몬 농도는 부적피드백(negative feedback)에 의해서 조절된다.
② 양적피드백(positive feedback)에 의해서 혈중 호르몬 농도를 조절하는 호르몬도 있다.
③ 호르몬 분비를 조절하는 목적은 신체의 가동성을 유지하기 위해서이다.
④ 내분비샘에서 분비되는 호르몬의 양뿐만 아니라 호르몬 수용체의 민감도에 의해서도 혈중 호르몬 농도가 조절된다.

정답 43 : ④, 44 : ④, 45 : ②, 46 : ④, 47 : ③

48 운동 시 인체의 호르몬 반응에 대한 설명으로 옳지 않은 것은?

① 성장호르몬(growth hormone)은 단백질 합성, 간의 당신생, 지방산 동원을 증가시킨다.
② 코티졸(cortisol)은 운동 시 혈당 유지를 위하여 유리지방산의 혈액유입을 촉진한다.
③ 에피네프린(epinephrine)은 부신수질에서 분비되어 심혈관계와 호흡계에 영향을 미친다.
④ 글루카곤(glucagon)은 간과 근육에 당을 저장시켜 운동을 지속할 수 있게 한다.

■ 글루카곤은 간에 저장되어 있는 글리코겐을 분해하여 혈당을 높이는 역할을 한다.

필수문제

49 스테로이드계 호르몬의 특성이 아닌 것은?

① 세포막을 통과하지 못한다.
② 핵 속으로 들어가 DNA와 직접 결합한다.
③ mRNA가 핵 내부에서 합성된다.
④ mRNA가 세포질로 이동해서 단백질 합성을 지휘한다.

■ 스테로이드계 호르몬은 세포막을 쉽게 통과하고, 비스테로이드계 호르몬은 세포막을 통과하지 못한다.

심화문제

50 호르몬의 작용에 대한 설명이다. 틀린 것은?

① 특정 호르몬의 수용체를 표적기관(표적조직)이 가지고 있다.
② 스테로이드 호르몬은 콜레스테롤에서 만들어지고, 지용성이다.
③ 비스테로이드계 호르몬은 아미노산(단백질)에서 만들어지고, 수용성이다.
④ 스테로이드계 호르몬은 세포막을 쉽게 통과할 수 있기 때문에 표적기관의 세포핵에 직접 달라붙어서 기능을 수행한다.
⑤ 비스테로이드계 호르몬은 세포막을 잘 통과하지 못하기 때문에 1단계 전령시스템에 의해서 기능을 수행한다.

■ 비스테로이드계 호르몬은 2단계 전령시스템에 의해서 기능을 수행한다.

51 운동 시 혈장의 호르몬농도에 영향을 미치는 요인이 아닌 것은?

① 호르몬의 분비속도 및 제거속도
② 혈장의 양
③ 운동강도
④ 체온

정답 48 : ④, 49 : ①, 50 : ⑤, 51 : ④

52 운동 시 탈수현상을 예방하기 위한 지침서의 내용으로 가장 적절한 것은?

① 운동 전(약 3시간 전)에 400−800 mL 수분섭취
② 운동 중 15−20분 간격으로 150−300 mL 수분섭취
③ 운동 후 충분한 수분보충
④ 위(①, ②, ③) 전부

필수문제

53 보기의 괄호 안에 들어갈 용어를 바르게 나열한 것은?

보기
호흡에 의한 인체 내 산−염기 균형 조절은 점증부하 운동 시 증가된 혈중 (㉠) 농도가 (㉡)의 완충작용과 폐환기량의 증가에 의해 감소되는 것을 의미한다.

	㉠	㉡
①	산소(O_2)	염소이온(Cl^-)
②	산소(O_2	중탄산염(HCO_3^-)
③	수소이온(H^+)	중탄산염(HCO_3^-)
④	수소이온(H^+)	염소이온(Cl^-)

■산−염기의 평형(p. 61) 참조

정답 52 : ④, 53 : ③

CHAPTER 06

호흡 · 순환계통과 운동

호흡계통의 구조

☞ 비강(코속공간)에 있는 점막이 공기 중의 먼지 등을 붙잡아둔다.

☞ 코속공간에 있는 모세혈관 망이 공기의 온도와 습도를 조절한다.

☞ 비교적 큰 기관지들은 공기의 통로 역할만 한다.

☞ 아주 작은 기관지의 끝이 허파꽈리(폐포)이고, 허파꽈리에서는 가스교환이 일어난다.

1 들숨(흡기)과 날숨(호기)의 역학적 메커니즘

☞ 평상시(안정 시) 들숨은 바깥갈비사이근(외늑간근)과 가로막(횡격막)의 수축에 의해서 이루러진다.

☞ 평상시 날숨은 바깥갈비사이근과 가로막이 이완되고, 호흡기관들의 탄력에 의해서 수동적으로 이루어진다.

☞ 운동 시 들숨은 목갈비근(사각근)과 목빗근(흉쇄유돌근)이 추가로 수축해서 힘을 보탠다.

☞ 운동 시 날숨은 배곧은근(복직근), 배속빗근(내복사근), 가로막의 수축에 의해서 능동적으로 일어난다.

2 허파(폐)용량과 허파(폐)용적

☞ 용적(volum)은 직접 측정해야 알 수 있는 부피이다.

☞ 용량(capacity)은 2개 이상의 용적을 이용해서 계산하여야 알아낼 수 있는 양이다.

☞ 1회호흡량과 잔기량은 측정해야 알 수 있기 때문에 엄밀하게 말하면 1회호흡용적과 잔기용적이다.

☞ 평상시 1회호흡량은 남자는 약 600ml, 여자는 약 500ml이다.

☞ 숨을 내쉬어도 허파에 남아있는 공기의 양을 잔기량이라고 한다.

☞ 운동을 할 때와 쉴 때의 잔기량은 같지만 실재로 들이쉰 공기의 량 또는 내쉰 공기의 양에 대한 잔기량의 비율은 적어질 수밖에 없다. 그것을 기능적 잔기량이라고 한다.

☞ 가스교환은 허파꽈리에서만 일어나기 때문에 코에서 허파꽈리 사이에 있는 공기는 들락날락은 했지만 가스교환과는 전혀 관계가 없다. 그래서 그 공간을 사강(죽은 공간)이라고 한다. 숨을 깊게 쉴수록 죽은 공간의 부피가 상대적으로 줄어든다.

3 호흡의 기능

☞ 에너지 생산에 필요한 산소를 조직세포에 공급하고, 이산화탄소를 배출하는 것이다.

☞ 허파꽈리에 있는 공기와 혈액 사이에 일어나는 가스교환을 외호흡이라고 한다.

☞ 모세혈관과 조직세포 사이에 일어나는 가스교환을 내호흡이라고 한다.

☞ 외호흡은 공기 중에 이산화탄소를 버리고 산소를 흡수하는 것이고, 내호흡은 조직에게 산소를 공급하고 이산화탄소를 수거하는 것이다.

4 운동 시 허파환기량의 조절

- ☞ 운동이 시작되기 전에 환기량이 미리 증가하는 것은 호흡중추가 활성화되기 때문이다.
- ☞ 운동 초기에 환기량이 갑자기 증가하는 것은 근육과 관절에 있는 고유수용기들이 신경자극을 증가시키기 때문이다.
- ☞ 운동강도가 올라가면 1회호흡량(용적)이 점차 증가하고, 기능적 잔기량은 점차 감소한다.
- ☞ 처음에는 1회호흡량만 증가하지만, 운동강도가 높아질수록 호흡수가 현저하게 증가한다.
- ☞ 운동강도에 비례해서 점차 증가하던 분당환기량이 어떤 시점에 갑자기 증가한다. 그 때의 운동강도를 무산소역치라 하고, 유산소대사에서 무산소대사로 에너지 공급체계가 바뀌는 것을 의미한다.
- ☞ 운동을 계속하면 화학수용기의 자극에 의해서 환기량이 조절되어 항정상태가 된다.
- ☞ 운동이 끝난 직후 환기량이 급격히 감소하는 것은 근육과 관절에 있는 고유수용기들의 신경자극이 줄었기 때문이다.
- ☞ 운동이 끝나고 어느 정도 시간이 지나면 다시 안정 시 환기량 수준으로 되돌아오는 것은 화학수용기의 자극이 변하였기 때문이다.

5 호흡과 관련된 용어의 정의

과다호흡 (hyper pnea)	운동에 필요한 에너지를 얻기 위해서 호흡량이 증가하는 것
과다환기 (hyper ventilation)	호흡을 길고 빠르게 해서 운동에 필요한 환기량보다 더 많이 환기하는 것. 혈중 이산화탄소의 농도가 낮아진다.
저환기 (hypo ventilation)	과다환기의 반대. 산소결핍
무호흡(apnea)	어떤 원인에 의해서 일시적으로 호흡을 하지 않는 것.
호흡정지	무호흡 상태에서 다시 호흡 상태로 되돌아가지 못하는 것.
무산소(성)역치	점진적 운동 중 혈중젖산농도가 급격히 증가하는 시점. 젖산역치 또는 젖산축적개시점(OBLA)라고도 한다.
초과산소섭취량	운동 시작 후 산소부채를 제거하기 위하여 산소섭취량을 증가시키는 것.

6 장기간 트레이닝에 의한 호흡계통의 변화(적응)

- ☞ 안정 시와 최대하 운동 중의 호흡수는 감소하고, 최대 운동 시의 호흡수는 증가한다.
- ☞ 총허파용량에는 변화가 없다.
- ☞ 안정 시와 최대하 운동 중 허파환기량은 약간 감소하고, 최대 운동 시에는 허파환기량이 현저하게 증가한다.
- ☞ 최대 산소섭취량이 크게 증가한다.

심장의 구조

☞ 섬유심장막……심장 전체를 보호하고 있는 2겹의 섬유성주머니이다.

☞ 심장벽……3개의 층으로 구성되어 있다. 바깥부터 심장바깥막, 심장근육층, 심장속막. 섬유심장막과 심장바깥막 사이의 공간을 심장막공간이라 하고, 그 안에 심장막액이 들어 있어서 심장이 마찰 없이 수축할 수 있다.

☞ 심장은 2개의 심방과 2개의 심실로 구성되어 있다.

☞ 심실과 심실 사이에는 심실사이막이 있고, 심방과 심실 사이에는 방실판막이 있다. 오른 심방과 오른 심실 사이에 있는 방실판막은 3첨판이고, 왼 심방과 왼 심실 사이에 있는 방실판막은 2첨판이다.

☞ 심실과 혈관 사이에는 반월판막이 있다. 심실사이막, 방실판막, 반월판막 모두 혈액의 역류를 방지하기 위한 장치들이다.

1 심혈관계통의 기능

ⓐ 운송기능……산소와 영양소

ⓐ 제거기능……CO_2와 노폐물

ⓐ 운반기능……호르몬

ⓐ 유지기능……체온, pH, 체액

ⓐ 방어기능……감염

심장근육층은 수축세포로 구성되어 있어서 혈액을 펌프질 할 수 있고, 동굴심방결절, 히스다발, 퍼킨예섬유는 모두 전도성세포로 구성되어 있다. 그 세포들은 심장근육의 활동전위를 심방 또는 심실의 근육에 신속하게 전달하는 역할을 한다.

2 심장의 자극전도 순서

동굴심방결절(동방결절) → 방실결절 → 방실다발 → 왼방실 다발 갈래와 오른방실 다발 갈래 → 퍼킨예섬유

3 심전도

☞ 심장의 전기적 활동을 기록한 것이다.

☞ P파는 심방근육이 탈분극될 때 나타난다.

☞ QRS 복합파는 심실이 탈분극될 때 나타난다.

☞ 심방의 재분극은 심실의 탈분극과 겹치기 때문에 아무런 파도 나타나지 않는다.

☞ T파는 심실이 재분극될 때 나타난다.

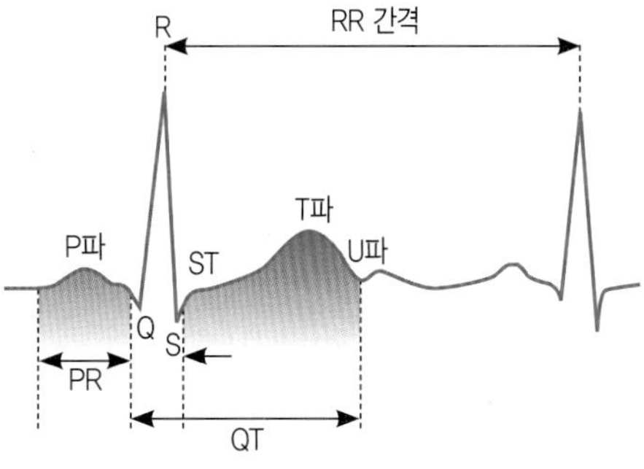

심전도

4 정맥혈의 환류에 도움을 주는 것들

⑧ 정맥에 있는 판막

⑧ 근 수축 시 펌프 역할

⑧ 동맥과 정맥의 벽을 이루고 있는 민무늬근육의 수축

⑧ 호흡동작

평상시 혈액의 약 60~70%는 정맥에, 동맥에는 약 10%, 모세혈관에는 약 5%, 허파와 심장에는 합해서 약 20%가 있다.

⑧ 혈류의 조절……혈액의 pH(화학 조절), 혈압(자율신경계통이 조절)

혈액의 성분

☞ 세포성분과 혈장으로 나눌 수 있다.

☞ 세포성분에는 적혈구, 백혈구, 혈소판 등이 있다.

☞ 백혈구를 호중구, 호산구, 호염기구, 림프구, 단핵구로 나누고 호중구와 림프구의 양이 1위와 2위로 많다.

1 운동 시 혈류의 변화

☞ 안정 시에는 심박출량의 15~20% 정도만 근육으로 보낸다.

☞ 최대 운동 시에는 80~85%를 근육으로 보낸다.

☞ 대신에 창자나 간에 보내는 혈액량을 줄인다.

☞ 혈류는 비 활동기관의 세동맥을 수축시키거나, 활동기관의 세동맥을 이완시켜서 조절한다.

2 운동 시 혈압의 변화

☞ 확장기혈압은 별 변화가 없다.

☞ 수축기혈압은 약 200mmHg까지 증가한다. (선수는 약 250mmHg까지)

☞ 심박출량의 증가가 동맥혈관의 확장보다 상대적으로 크기 때문에 수축기혈압이 상승된다.

3 운동 시 순환계통의 변화

☞ 1회박출량이 증가한다.

☞ 분당 심박수가 증가한다.

☞ 심박출량(1회박출량×분당심박수)이 증가한다.

장기간 트레이닝이 인체에 미치는 효과

1 장기간 트레이닝이 순환계통에 미치는 효과

☞ 심장의 부피와 심장벽의 두께가 증가한다.
☞ 심장근육의 수축력이 증가한다.
☞ 1회박출량과 최대 심박출량이 모두 증가한다.
☞ 안정 시 심박수가 감소한다.
☞ 혈중 헤모글로빈의 농도가 증가한다.

2 장기간 트레이닝이 혈압에 미치는 효과

☞ 안정 시 혈압이 감소한다.
☞ 동맥벽의 탄력 저하를 예방한다.
☞ 혈중 지질농도가 감소한다.
☞ 혈압을 안정적으로 유지할 수 있게 된다.

3 장기간 트레이닝이 혈액에 미치는 영향

☞ 총 적혈구 수가 증가한다.
☞ 혈장단백질(알부민)이 증가한다.
☞ 혈액점성이 감소되어서 혈류 저항이 감소한다.
☞ 혈장량이 증가한다.

4 중간강도 운동 중 심혈관계통의 변화

항목	변화	해설
심박출량	증가	심박수와 1회박출량 모두 증가
심박수	증가	교감신경계통 활성화로 SA node 활성화, 부교감신경계통 활성화 감소
1회박출량	증가	교감신경계통 활성화로 심실 심근의 수축력 증가, 프랭크-스탈링 법에 의해 박출량 증가, 심실의 이완 후 용량 증가
총말초저항	감소	누운 자세에서 혈관 저항보다 심장이나 골격근에서의 저항 감소
심장과 골격근의 혈류량	증가	총말초혈관 저항 감소보다 심박출량 증가
피부혈류량	증가	1회박출량과 속도 증가
평균동맥압	증가	높은 심박수에 의해 심장 내 혈액이 채워지는 시간이 감소되며, 이는 혈관수축, 골격근 펌프, 증가된 호흡량에 의해 보상
이완 후 용량	증가	혈관시스템의 혈액량 증가는 국소부위의 대사요인에 의해 조절
피부혈류량	증가	체온상승으로 인해 피부혈관으로 교감신경계통 전달이 제한
복강혈류량	감소	교감신경계통은 복강 내 내장기관과 신장 혈관을 자극
뇌혈류량	변화 없음	평균 동맥압의 증가에도 불구하고 뇌 혈관에서는 자동으로 조절

출처 : 운동생리학회(2015). 운동생리학. 대한미디어. p. 223에서 수정 게재.

필수 및 심화 문제

필수문제

01 보기에서 운동 중 호흡계 전도영역의 기능으로만 묶인 것은?

보기
㉠ 호흡하는 공기에 습기를 제공한다.
㉡ 폐포의 표면장력을 감소시키는 표면활성제(surfactant)를 제공한다.
㉢ 공기를 여과하는 역할을 한다.
㉣ 호흡가스 확산을 증가시킨다.

① ㉠, ㉡
② ㉠, ㉢
③ ㉡, ㉢
④ ㉢, ㉣

■ **호흡계통의 전도영역(기관, 기관지, 세기관지)의 기능**
· 공기의 통로
· 호흡하는 공기에 습기 첨가
· 호흡하는 공기의 여과 작용

필수문제

02 호흡계통의 구조에 대한 설명이다. 틀린 것은?

① 비강(코안)에 있는 점막이 공기 중의 먼지 등을 붙잡아둔다.
② 코안에 있는 모세혈관 망이 공기의 온도와 습도를 조절한다.
③ 비교적 큰 기관지들은 공기의 통로 역할만 한다.
④ 아주 작은 기관지의 끝이 허파꽈리(폐포)이고, 허파꽈리에서는 배설작용이 일어난다.

■ 허파꽈리에서는 가스교환이 이루어진다.

심화문제

03 호흡계통의 이동경로를 순서대로 바르게 연결한 것은?

① 가슴우리 : 기도 → 허파꽈리
② 기도 : 가슴우리 → 허파꽈리
③ 기도 : 허파꽈리 → 가슴우리
④ 허파꽈리 : 기도 → 가슴우리

■ 공기는 가슴우리가 커지면 기도를 거쳐서 허파꽈리로 들어간다.

정답 01 : ②, 02 : ④, 03 : ①

필수문제

04 운동 시 폐포와 폐모세혈관 사이에서의 산소교환율을 증가시키는 직접적인 원인은?

① 폐동맥의 낮은 산소량
② 폐동맥의 높은 산소량
③ 폐정맥의 낮은 산소량
④ 폐정맥의 높은 산소량

■ 폐포의 가스교환은 가스의 분압차이에 의한 확산으로 일어난다. 따라서 정맥을 통해 들어온 혈액을 폐로 운반하는 폐동맥의 산소량이 낮을수록 산소교환율이 증가한다.

심화문제

05 호흡의 원리에 대한 설명으로 옳지 않은 것은?

① 폐내 압력이 대기압보다 낮아지면서 흡기(inspiration)가 일어난다.
② 안정 시 흡기는 흡기에 동원되는 호흡근(respiratory muscles)의 능동적인 수축으로 일어난다.
③ 안정 시 호기(expiration)는 흡기 시 수축했던 호흡근이 이완되면서 수동적으로 일어난다.
④ 운동 시 호기는 횡격막(diaphragm)과 외늑간근(external intercostal muscles)의 능동적인 수축으로 일어난다.

■ 호기 시에 동원되는 가장 중요한 근육은 복직근과 내복사근이다.
■ 횡격막과 외늑간근은 안정 시 흡기근육이다.

필수문제

06 들숨(흡기)과 날숨(호기)의 역학적 메커니즘에 대한 설명이다. 틀린 것은?

① 평상시(안정 시) 들숨은 바깥갈비사이근(외늑간근)과 가로막(횡격막)의 수축에 의해서 이루러진다.
② 평상시 날숨은 바깥갈비사이근과 가로막이 이완되고, 호흡기관들의 탄력에 의해서 저절로(수동적으로) 이루어진다.
③ 운동 시 날숨은 목갈비근(사각근)과 목빗근(흉쇄유돌근)이 추가로 수축해서 힘을 보탠다.
④ 운동 시 날숨은 호흡기관들의 탄력에 의해서 이루어진다.

■ 운동 시 날숨은 배곧은근(복직근), 배속빗근(내복사근), 가로막의 수축에 의해서 능동적으로 일어난다.

심화문제

07 호흡계통에 대한 설명이다. 잘못된 것은?

① 숨길(기도)은 공기의 통로 역할을 한다.
② 실질적인 가스교환은 기관지부터 시작된다.
③ 허파꽈리(폐포)에서는 가스교환이 일어난다.
④ 가스교환이 일어나는 곳 전체를 호흡영역이라고 한다.

■ 가스교환은 폐포(허파꽈리)에서만 일어난다.

정답 04 : ①, 05 : ④, 06 : ④, 07 : ②

08 **다음 중 흡기활동에 대한 설명이 맞지 않는 것은?**

① 횡격막(가로막)이 수축하여 가슴안(흉강)이 확장된다.
② 바깥갈비사이근(외늑간근)이 수축하여 가슴안(흉강)이 수축한다.
③ 흉강의 확장에 의해 허파꽈리(폐포)의 내압이 감소한다.
④ 허파쪽 가슴막(장측늑막)과 벽쪽가슴막(벽측늑막)이 서로 밀착하여 흉강이 확장된다.

■ 가슴안(가슴속공간)이 수축하면 호기활동이다.

필수문제

09 **그림은 폐활량계를 활용하여 측정한 폐용적(량)을 나타낸 것이다. ㉠~㉣에서 안정 시와 비교하여 운동 시 변화에 대한 설명으로 적절한 것은?**

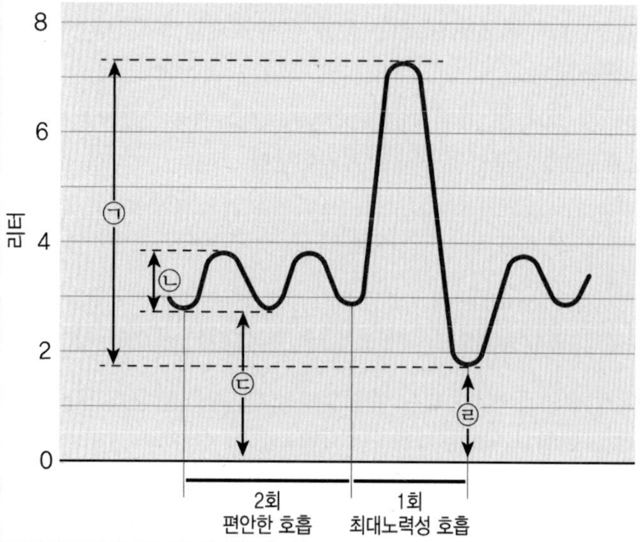

① ㉠ : 증가 ② ㉡ : 감소 ③ ㉢ : 감소 ④ ㉣ : 증가

■ ㉠ 폐활량(lung capacity) : 한 번 공기를 최대한 들여마셨다 내뿜을 수 있는 공기의 최대량으로, 안정 시와 운동 시 변하지 않음.
■ ㉡ 1회환기량(tidal volume) : 안정상태에서 1회에 들이마시는 공기의 부피 또는 1회에 내쉬는 공기의 부피로, 운동 중에는 증가함.
■ ㉢ 기능적잔기량(functional residual capacity) : 안정상태에서 숨을 내쉰 다음 폐에 남아 있는 공기의 양으로, 운동 중에는 1회환기량의 증가 때문에 감소함.
■ ㉣ 잔기량(residual volume) : 폐 속에 있는 공기를 아무리 내보내려 해도 폐 속에 남아 있는 공기의 부피로, 절대 변하지 않음.

필수문제

10 **허파(폐)용량과 허파(폐)용적에 대한 설명이다. 틀린 것은?**

① 용적(volum)은 직접 측정해야 알 수 있는 부피이다.
② 용량(capacity)은 2개 이상의 용적을 이용해서 계산하여야 알아낼 수 있는 양이다.
③ 1회호흡량과 잔기량은 엄밀하게 말하면 1회호흡용적과 잔기용적이다.
④ 평상시 1회호흡량은 남 · 여 모두 600ml이다.

■ 평상시 여자의 1회호흡량은 남자보다 작아서 500ml이다.

정답 08 : ②, 09 : ③, 10 : ④

심화문제

11 안정 시 폐용적과 폐용량의 개념에 대한 설명으로 옳지 않은 것은?

① 1회 호흡량(Tidal Volume) : 안정 시 호기 후 최대 흡기량
② 기능적 잔기량(Functional Residual Capacity) : 안정 시 호기 후 폐의 잔기량
③ 폐활량(Vital Capacity) : 최대 흡기 후 최대 호기량
④ 총폐용적(Total Lung Capacity) : 최대 흡기 시 폐내 총 가스량

■ 1회 호흡 시 호기량 또는 흡기량을 1회 호흡량이라고 한다.

12 죽은 공간(dead space, 사강)이 아닌 것은?

① 폐포(허파꽈리) ② 코안(비강) ③ 기관 ④ 기관지

■ 가스교환은 허파꽈리에서만 일어나기 때문에 코에서 허파꽈리 사이에 있는 공기는 들락날락했지만, 가스교환과는 전혀 관계가 없다. 그래서 그 공간을 사강(죽은 공간)이라고 한다. 숨을 깊게 쉴수록 죽은 공간의 부피가 상대적으로 줄어든다.

필수문제

13 보기에서 인체 내 가스교환에 관한 설명 중 ㉠과 ㉡에 들어갈 용어를 바르게 나열한 것은?

보기
» 운동 시 폐포로 유입된(㉠)는 폐 모세혈관으로 확산된다.
» 운동 시 근육에서 생성된 (㉡)는 모세혈관으로 확산된다.

	㉠	㉡		㉠	㉡
①	산소	이산화탄소	②	산소	산소
③	이산화탄소	이산화탄소	④	이산화탄소	산소

■ **가스교환** : 체내의 영양물질이 가진 에너지를 방출할 때 필요한 산소는 흡기에, 배출되는 이산화탄소는 호기에 의해 교환되는 현상

심화문제

14 호흡에 대한 설명 중 틀린 것은?

① 에너지 생산에 필요한 산소를 조직세포에 공급하고, 이산화탄소를 배출하는 것이다.
② 허파꽈리에 있는 공기와 혈액 사이에 일어나는 가스교환을 외호흡이라고 한다.
③ 모세혈관과 조직세포 사이에 일어나는 가스교환을 내호흡이라고 한다.
④ 내호흡과 외호흡 모두 혈액 내의 산소가 증가하고 이산화탄소가 감소한다.

■ 외호흡에서는 혈액 내의 산소가 증가하지만, 내호흡에서는 혈액 내의 산소가 감소한다.

15 호흡계통의 기능과 거리가 가장 먼 것은?

① 이산화탄소 배출 ② 근육수축 에너지 공급
③ 체온조절 ④ 근육에 산소 공급

■ 근육수축 시의 에너지 공급은 호흡계통의 기능과는 거리가 멀다.

정답 11 : ①, 12 : ①, 13 : ①, 14 : ④, 15 : ②

■혈액 속의 이산화탄소는 ① 혈장 안에서 용해되어, ② 카바미노화합물로 헤모글로빈 또는 단백질과 결합하여, ③ 중탄산염 형태로 운반된다.
■미오(마이오)글로빈은 근육세포 안에 있는 붉은 색소의 단백질로, 산소를 저장하는 역할을 한다.

16 호흡 시 혈액 내의 이산화탄소를 폐로 운반하는 방법이 아닌 것은?

① 혈장 내에 용해되어 운반
② 헤모글로빈과 결합하여 운반
③ 중탄산염(HCO_3^-) 형태로 운반
④ 미오글로빈과 결합하여 운반

17 심박출량을 심박수로 나누면?

① 혈압 ② 1회박출량 ③ 초당박출량 ④ 혈류량

■대사활동으로 혈중 CO_2와 젖산농도가 증가하여 혈액의 pH가 감소하면 경동맥체와 대동맥궁에 있는 화학적 수용기를 자극하게 된다. 이때 화학적 수용기가 감지한 정보가 연수(숨뇌)에 있는 호흡중추로 보내짐으로써 호흡활동이 이루어진다.

18 유산소 운동 중 호흡계의 환기량 증가 요인에 관한 설명으로 옳지 않은 것은?

① 중추 화학적 수용체인 경동맥체와 대동맥체는 동맥의 산소 분압 증가에 따라 환기량 증가를 자극한다.
② 근육 내 화학적 수용체는 칼륨(K^+)과 수소(H^+)의 농도 증가에 따라 환기량 증가를 자극한다.
③ 근방추나 골지힘줄기관의 구심성 신경자극 증가는 환기량 증가를 자극한다.
④ 사용된 근육의 운동단위 증가는 환기량 증가를 자극한다.

■1회호흡량이 증가하면 기능적 잔기량은 줄어야 한다. 그러나 잔기량에는 변화가 있을 수 없다. 분당환기량이 갑자기 변하는 시점의 운동강도를 무산소역치라고 한다.
■9번 문제 참조

19 1회성 운동 시 허파용적 또는 허파용량의 변화를 설명한 것이다. 틀린 것은?

① 1회호흡량(용적)이 점차 증가한다.
② 기능적 잔기량도 점차 증가한다.
③ 처음에는 1회호흡량만 증가하지만, 시간이 갈수록 또는 운동강도가 높아질수록 호흡수 증가가 현저하게 나타난다.
④ 운동강도에 비례해서 점차 증가하던 분당환기량이 어떤 시점에 갑자기 증가한다.

■㉡ 운동 초기에 환기량이 미리 증가하는 것은 호흡중추가 활성화되기 때문이다.
■㉢ 운동강도가 증가하면 1회호흡량은 점차 증가하고, 기능적 잔기량은 점차 감소한다.

필수문제

20 운동에 따른 환기량의 변화로 옳은 것을 모두 고른 것은?

보기
㉠ 운동 시작 직전에는 운동 수행에 대한 기대감으로 환기량이 증가할 수 있다.
㉡ 운동 초기 환기량 변화의 주된 요인은 경동맥에 위치한 화학수용기반응이다.
㉢ 운동 강도가 증가하면 1회 호흡량은 감소하고 호흡수는 현저히 증가한다.
㉣ 회복기 환기량은 운동 중 생성된 체내 수소이온 및 이산화탄소 농도와 관련 있다.

① ㉠, ㉡ ② ㉠, ㉢ ③ ㉠, ㉣ ④ ㉡, ㉢, ㉣

정답 16 : ④, 17 : ②, 18 : ①, 19 : ②, 20 : ③,

심화문제

21 운동 시 허파환기량이 조절되는 양상을 설명한 것이다. 틀린 것은?

① 운동이 시작되기 전에 환기량이 미리 증가하는 것은 호흡중추가 활성화되기 때문이다.
② 운동 초기에 환기량이 갑자기 증가하는 것은 근육과 관절에 있는 고유수용기들이 신경자극을 증가시키기 때문이다.
③ 운동 중에는 화학수용기의 자극에 의해서 환기량이 조절되어 항정상태가 된다.
④ 운동이 끝난 직후 환기량이 급격히 감소하는 것은 근육과 관절에 있는 고유수용기들의 신경자극이 줄었기 때문이다.
⑤ 운동이 끝나고 어느 정도 시간이 지나면 다시 안정 시 환기량 수준으로 되돌아오는 것은 호흡중추가 비활성화되기 때문이다.

■ 안정 시 환기량 수준으로 되돌아오는 것은 화학(적)수용기의 자극이 변하였기 때문이다.

22 분당산소섭취량을 결정하는 요인은 무엇인가?

① 1회박출량　　② 동 · 정맥산소차
③ 심박수　　④ ①, ②, ③ 전부

■ 산소섭취량은 심박출량, 동 · 정맥산소차, 심박수에 의하여 결정된다.

필수문제

23 운동 중 1회 박출량(stroke volume) 증가 원인으로 옳지 않은 것은?

① 대동맥압 증가에 따른 후부하(after load) 증가
② 호흡펌프작용에 의한 정맥회귀(venous return) 증가
③ 골격근 수축에 의한 근육펌프작용 증가
④ 교감신경 자극에 의한 심근 수축력 증가

■ 1회박출량은 심장의 후부하와 반비례한다. 따라서 후부하는 대동맥압을 증가시켜 심박출량을 감소시킨다.

심화문제

24 무산소역치에 대한 설명이다. 틀린 것은?

① 무산소역치는 유산소트레이닝에 의해서 증가된다.
② 무산소역치는 지구력수준을 나타낸다.
③ 무산소역치는 지구력향상을 위한 트레이닝 시 적정 운동강도로 활용된다.
④ 무산소 대사에서 유산소 대사로 전환되는 시점이다.

■ 무산소역치는 유산소대사에서 무산소대사로 전환되는 시점이다.

정답　21 : ⑤, 22 : ④, 23 : ①, 24 : ④

■② 안정 시에는 중력의 작용으로 혈액순환이 제한적이어서 폐 윗부분에는 혈액의 순환량이 적지만, 운동 시에는 심박출량이 증가하여 폐 윗부분으로의 혈류량이 증가하여 가스교환을 증진시키는 데 유리하다.

필수문제

25 **직립 상태에서 폐-혈액 간 산소확산 능력은 안정 시와 비교하여 운동 시 증가한다. 이에 기여하는 요인으로 적절한 것은?**

① 폐포와 모세혈관 사이의 호흡막(respiratory membrane) 두께 증가
② 증가한 혈압으로 인한 폐 윗부분(상층부)으로의 혈류량 증가
③ 폐정맥 혈액 내 높은 산소분압
④ 폐동맥 혈액 내 높은 산소분압

심화문제

26 **점진적으로 운동을 할 때 호흡계통의 반응 중 옳지 않은 것은?**

① 일정한 강도로 최대하 운동 시 초기에는 호흡이 빠르게 증가하지만 곧 평정상태가 된다.
② 운동강도를 점진적으로 증가시키면 최대산소섭취량이 직선적으로 증가하다가 갑자기 급격하게 증가하는 시점이 있다.
③ 최대하 운동 중 호흡량이 증가하는 것은 화학물질이 목동맥토리(경동맥소체)를 자극하기 때문에 생긴다.
④ 10~20%MVC의 최대하 운동을 해도 시간이 지나면 최대심박수에 도달한다.

■아주 낮은 강도의 운동을 하면 최대심박수에 도달하기 전에 지쳐서 운동을 더 이상 하지 못하게 된다.

27 **호흡과 관련된 용어의 설명 중 틀린 것은?**

① 과다호흡(hyperpnea) : 운동에 필요한 에너지를 얻기 위해서 호흡량이 과다하게 증가하는 것
② 과다환기((hyperventilation) : 호흡을 길고 빠르게 해서 운동에 필요한 환기량보다 더 많이 환기하는 것(이산화탄소농도 저하)
③ 저환기(hypoventilation) : 과다환기의 반대(산소결핍)
④ 무호흡(apnea) : 사망해서 숨을 쉬지 않는 것

■어떤 원인에 의해서 일시적으로 호흡을 하지 않는 것이 무호흡이다. 무호흡 상태에서 다시 호흡 상태로 되돌아가지 못하는 것은 호흡정지이다. 즉 사망은 호흡정지 상태이다.

■**운동후초과산소섭취량** : 운동종료와 함께 산소소비량은 감소하지만, 바로 안정 시의 값까지 감소되지 않고 안정 시보다 더 많은 산소를 요구하는 것. 산소부채. 운동 후 초과산소섭취량은 ATP-PC를 다시 합성하는 데 이용되고, 산소는 젖산 제거, 글리코겐 재합성, 체온 조절, 심장과 환기 작용을 위한 산소 소비 등에 이용된다.

필수문제

28 **운동 후 초과산소섭취량(Excess Post-exercise Oxygen Consumption : EPOC)이 발생하는 원인으로 적절하지 않은 것은?**

① 운동 중 증가한 혈압 감소　　② 운동 중 증가한 젖산 제거
③ 운동 중 증가한 체온 저하　　④ 운동 중 증가한 산소 제거

정답 25 : ②, 26 : ④, 27 : ④, 28 : ④

심화문제

29 운동 후 초과산소섭취량(EPOC)에 영향을 미치는 요인으로 적절하지 않은 것은?

① 운동 중 증가한 체온
② 운동 중 증가한 젖산
③ 운동 중 증가한 호르몬(에피네프린, 노르에피네프린)
④ 운동 중 증가한 크레아틴인산(phosphocreatine, PC)

■ 운동후초과산소섭취량=회복기 산소소비량−(휴식 시 분당산소소비량×회복시간)
■ 크레아틴인산은 EPOC에 영향을 미치지 않는다.

30 용어의 설명이 잘못된 것은?

① 허파(폐)활량 : 공기를 최대로 들이마신 후 최대로 배출할 수 있는 공기의 양
② 분당환기량 : 1회호흡량 × 분당호흡수
③ 1회호흡량 : 1회의 흡기량 또는 배기량
④ 허파환기량 : 허파에서 흡수하는 산소의 양

■ 허파환기량=1회호흡량(약 450~500ml)×분당호흡수(약 16회)=약 8리터이다.

필수문제

31 보기에 있는 설명 중에서 옳은 것만을 모두 고른 것은?

보기
㉠ 순환계통은 크게 심장, 혈관, 혈액으로 구성된다.
㉡ 허파순환은 산소를 공급하고 이산화탄소를 제거하는 기능을 수행한다.
㉢ 심박출량은 심박수에 의해서 좌우된다.
㉣ 동맥이 정맥보다 산소함유량이 많다.
㉤ 혈액은 운반, 체온조절 및 유지, 산염기 평형유지 등의 기능을 수행한다.

① ㉠㉡㉤ ② ㉠㉡㉢㉣㉤
③ ㉠㉡㉣㉤ ④ ㉢㉣

필수문제

32 심장의 활동과 관련이 있는 것들에 대한 설명이다. 틀린 것은?

① 왼심실이 확장되었을 때의 부피와 수축했을 때의 부피 차이를 1회박출량이라고 한다.
② 1회박출량은 성인남자가 약 60~80ml이다.
③ 심박출량은 1분 동안에 왼심실에서 박출된 혈액의 양이다.
④ 그러므로 '심박출량=1회박출량×분당심박수'로 계산한다.

■ 모두 옳다.

정답 29 : ④, 30 : ④, 31 : ②, 32 : 없음

■ 관상(심장)동맥→심장근육으로 혈액공급
■ 폐(허파)동맥→우심실에 있는 정맥혈을 허파로 전달
■ 허파에서 대동맥은 상(위)대동맥을 거쳐 아래쪽의 하(아래)대동맥으로 흐름

심화문제

33 운동 중 심근(myocardium)으로 혈액을 공급하는 동맥은?

① 관상동맥 ② 폐동맥 ③ 하대동맥 ④ 상대동맥

34 심장(관상)동맥의 역할은?

① 온몸에 혈액을 공급한다.
② 허파에 혈액을 공급한다.
③ 심장의 근육에 혈액을 공급한다.
④ 두뇌에 혈액을 공급한다.

■ 심장 자체에 혈액을 공급해주는 혈관이 심장동맥이다.

35 심장의 구조와 기능에 대한 설명으로 옳지 않은 것은?

① 판막은 혈액의 역류를 방지한다.
② 심장은 두 개의 방과 두 개의 실로 구성되어 있다.
③ 심실중격은 좌·우심실 간 혈액의 혼합을 방지한다.
④ 방실결절은 좌심방에 위치하며 맥박조정자(pacemaker) 역할을 담당한다.

■ 방실결절은 우심방에 있다.

36 심장의 두 구성요소 사이에 끼어 있는 막이다. 잘못된 것은?

① 심실과 심실 — 심실사이막 ② 오른심방과 오른심실 — 3첨판
③ 왼심방과 왼심실 — 2첨판 ④ 심실과 혈관 — 반월판막
⑤ 심방과 심실 — 심실중격

■ 심방과 심실 사이를 나누는 것은 방실판막이고, 방실판막에는 2첨판과 3첨판이 있다. 심실사이막과 심실중격은 같은 것이다.

37 다음 중 수축성 세포로 구성되어 있는 것은?

① 동굴심방결절 ② 심방과 심실의 벽
③ 히스다발 ④ 퍼킨예섬유

■ 동굴심방결절, 히스다발, 퍼킨예섬유는 모두 전도성 세포로 구성되어 있다.

38 심장의 벽을 이루지 않는 것은?

① 심장막(심낭) ② 심장속막
③ 심장근육층 ④ 심장바깥막

■ 심장막은 심장 전체를 보호하고 있는 섬유성주머니이다.

39 혈액의 역류를 방지하는 막이 아닌 것은?

① 반월판 ② 승모판
③ 심실중격 ④ 정맥판막

■ 심실중격은 좌심실과 우심실을 나누는 근육벽이다.

정답 33 : ①, 34 : ③, 35 : ④, 36 : ⑤, 37 : ②, 38 : ①, 39 : ③

필수문제

40 보기가 설명하는 것은?

보기
» 우심방 벽에 위치한다.
» 장수축을 위한 전기적 자극이 시작되므로 페이스메이커(pacemmaker) 라고 한다.

① 동방결절(SA node) ② 방실다발(AV bundle)
③ 퍼킨제섬유(purkinje fibers) ④ 삼첨판막(tricuspid valve)

■ 심장의 주기적인 수축과 이완은 우심방 안쪽 벽에 있는 동방결절(동굴심방결절)에서 하며, 이것은 심장의 주기적인 수축을 조절하므로 페이스조절기(pace controller)라고도 한다.

심화문제

41 자기 스스로 전기적 신호를 발생시키는 능력이 있는 것은?

① 동굴심방결절(동방결절) ② 방실결절 ③ 퍼킨예섬유 ④ 히스섬유

42 심근 산소소비량에 대한 설명으로 가장 올바른 것은?

① 운동으로 인한 심장발작을 모니터하기 위한 수단으로 측정한다.
② 심근 산소소비량은 운동강도에 비례하여 증가한다.
③ 심근 산소소비량은 수축기 혈압과 심박수에 의해서 결정된다.
④ 위(①, ②, ③) 모두

필수문제

43 심혈관계에 대한 설명으로 옳은 것은?

① 혈액은 우심실에서 박출되어 인체의 모든 기관에 순환된다.
② 산소가 포화된 혈액은 폐정맥을 통해 좌심방으로 이동된다.
③ 폐순환은 산소를 인체의 모든 조직에 직접 전달하는 것이다.
④ 우심방으로 들어온 혈액은 우심실을 거쳐 바로 좌심방으로 이동된다.

■ 혈액은 우심방→우심실을 거쳐 다시 허파로 보내지며, 허파에서 가스교환(이산화탄소를 주고 산소를 받음)을 마친 혈액은 허파정맥을 통해 좌심방→좌심실을 거쳐 다시 온몸으로 보내진다. 온몸에 혈액을 보내는 경로는 체순환이다.

필수문제

44 보기에 있는 기능 중에서 심장혈관계통의 기능만을 모두 모은 것은?

보기
㉠ 운송기능 ㉡ 제거기능 ㉢ 운반기능
㉣ 유지기능 ㉤ 방어기능

① ㉠㉡㉢㉣㉤ ② ㉠㉡㉢㉤ ③ ㉠㉢㉣㉤ ④ ㉠㉣㉤

■ ㉠ 산소와 영양소, ㉡ CO_2와 노폐물, ㉢ 호르몬, ㉣ 체온과 pH 및 체액, ㉤ 감염

정답 40 : ①, 41 : ①, 42 : ④, 43 : ②, 44 : ①

심화문제

45 온몸순환(체순환) 경로를 올바르게 나열한 것은?

■온몸순환(체순환) : 왼심실→대동맥→모세혈관→대정맥→오른심방
■심실에서 나오는 혈관은 무조건 동맥이다.

① 왼심실 → 정맥 → 모세혈관 → 동맥 → 오른심방
② 왼심실 → 동맥 → 모세혈관 → 정맥 → 오른심방
③ 왼심방 → 동맥 → 모세혈관 → 정맥 → 오른심방
④ 왼심방 → 정맥 → 모세혈관 → 동맥 → 왼심실

46 심혈관계의 기능이라고 하기 어려운 것은?

■운동기능은 골격계와 근육계의 기능이다.

① 운반기능
② 제거기능
③ 운동기능
④ 방어기능

47 심혈관계의 주 기능이 아닌 것은?

■감각정보의 전달은 신경계의 기능이다.

① 산소 운반
② 체액균형 조절
③ 대사노폐물 제거
④ 감각정보 전달

48 보기는 심장의 수축력에 대한 설명이다. 옳은 것은?

보기
㉠ 교감신경이 자극되면 심장근육의 수축력이 증대된다.
㉡ 순환하는 혈액량이 감소되면 심장근육의 수축력이 증대된다.
㉢ 정맥환류량과 심장근육의 수축력 사이에는 아무런 관계도 없다.
㉣ 심장근육섬유의 길이가 늘어나면 심장근육의 수축력이 증대된다.

■심장근육섬유의 길이가 늘어나면 심장근육의 수축력이 단축된다.

① ㉠㉡㉢
② ㉠㉢㉣
③ ㉠㉡㉣
④ ㉡㉢㉣

필수문제

49 심장의 자극전도 순서가 올바른 것은?

■심장의 자극전도는 동굴심방결절에서 시작되어 퍼킨예섬유에서 끝난다.

① 동굴심방결절(동방결절) → 방실결절 → 방실다발 → 왼방실다발갈래와 오른방실다발갈래 → 퍼킨예섬유
② 동굴심방결절(동방결절) → 방실결절 → 방실다발 → 퍼킨예섬유 → 왼방실다발갈래와 오른방실다발갈래
③ 방실결절 → 동굴심방결절(동방결절) → 방실다발 → 왼방실다발갈래와 오른방실다발갈래 → 퍼킨예섬유
④ 방실결절 → 동굴심방결절(동방결절) → 방실다발 → 퍼킨예섬유 →왼방실다발갈래와 오른방실다발갈래

정답 45 : ②, 46 : ③, 47 : ④, 48 : ①, 49 : ①

필수문제

50 보기의 심전도(ECG)에 관한 설명 중 옳은 것으로만 묶인 것은?

보기
㉠ 심방을 통한 전도속도가 감소하면 P파는 넓어진다.
㉡ PR간격은 심방의 탈분극부터 심실의 탈분극 전까지 걸리는 시간이다.
㉢ QRS복합파를 이용해서 심박수를 측정할 수 없다.
㉣ QRS복합파는 심실에서의 탈분극을 일컫는다.
㉤ ST분절은 심실 재분극에 소요되는 총 시간이다.

① ㉠, ㉡, ㉣ ② ㉠, ㉡, ㉤ ③ ㉡, ㉢, ㉣ ④ ㉢, ㉣, ㉤

■ **심전도** : 심장에서 일어나는 전기적 활동을 피부표면에 유도해 낸 것.
㉠ P파 : 심방의 탈분극. 동굴심방결절(SA node, 동방결절)에서 발생한 전기적 자극이 심방근육 전체로 확산될 때 나타남. P파의 지속시간은 심방을 통하는 전도시간과 관련되므로 전도속도가 감소하면 P파는 넓어진다.
㉡ PR간격 : 심방의 탈분극에서 심실의 탈분극까지 소요되는 시간
㉢, ㉣ QRS복합파 : 심실에서 일어나는 탈분극. 이것을 숫자로 계산하면 심박수를 측정할 수 있다.
㉤ ST분절 : 심실의 활동전위에서 QT간격의 기준선. 심장근육허혈 · 심장비대 · 전도차단 · 약물투여 등으로 이 부분의 함몰상태를 볼 수 있다.

심화문제

51 심전도에 대한 설명이다. 틀린 것은?

① 심장의 전기적 활동을 기록한 것이다.
② P파는 심방이 탈분극될 때 나타난다.
③ QRS복합파는 심실이 탈분극될 때 나타난다.
④ T파는 심방이 재분극될 때 나타난다.

■ 심방의 재분극은 심실의 탈분극과 겹치기 때문에 아무런 파도 나타나지 않고, T파는 심실이 재분극될 때 나타난다.

필수문제

52 운동 중 정맥혈 회귀(venous return)를 조절하는 요인이 아닌 것은?

① 근육 펌프 ② 호흡 펌프
③ 정맥수축 ④ 모세혈관 수축

■ 운동 중에 몸의 각 조직으로 흘러갔던 혈액이 정맥을 통해서 다시 심장으로 돌아오는 것을 '**정맥혈 회귀**'라고 한다. 모세혈관에는 민무늬근육이 없다.

정답 50 : ①, 51 : ④, 52 : ④

심화문제

53 운동 중 호흡순환 조절에 대한 설명으로 옳은 것은?

① 고온 환경에서 장시간의 최대하운동은 서늘한 환경에서보다 1회박출량을 감소시킨다.
② 우심실로부터 나온 혈액의 산소분압은 폐포의 산소분압보다 높기 때문에 폐포에서 혈관으로 산소가 유입된다.
③ 환기량은 운동 강도가 증가함에 따라 직선적으로 증가한다.
④ 고강도 운동은 저강도 운동에 비하여 혈액의 pH농도와 산소분압을 증가시킨다.

■ 고온환경에서 운동을 하면 정맥환류량이 감소되기 때문에 1회박출량이 감소한다.

54 동맥혈은 심장이 수축하는 힘에 의해서 흐르지만, 정맥혈이 심장으로 되돌아오는 길에는 압력을 가하는 특별한 장치가 없다. 정맥혈의 환류에 도움을 주는 것이 아닌 것은?

① 호흡동작
② 근수축 시 펌프역할
③ 중력
④ 정맥에 있는 판막

■ 혈관은 폐쇄회로를 이루고 있기 때문에 중력은 정맥혈의 환류에 전혀 도움이 되지 않는다. 동맥과 정맥의 벽을 이루고 있는 민무늬근육의 수축도 혈류에 도움을 준다.

55 다음 중 안정 시 및 최대운동 시 혈중 가스분압의 변화로 바르지 않은 것은?

① 단련자가 일반인보다 활동근 정맥혈에서의 산소분압이 더욱 높게 나타난다.
② 단련자가 일반인보다 산소를 추출하여 운동을 수행하는 능력이 높다.
③ 단련자는 일반인에 비해 동정맥 산소차가 크게 나타난다.
④ 단련자는 일반인과 비교해 동맥혈 산소함량에는 큰 차이가 없다.

■ 정맥혈의 산소분압이 높다는 것은 산소를 잘 이용하지 못한다는 말이 된다.

56 보유하고 있는 혈액의 양이 가장 많은 것은?

① 허파와 심장
② 동맥
③ 모세혈관
④ 정맥

■ 평상시 혈액의 약 60~70%는 정맥에, 동맥에는 약 10%, 모세혈관에는 약 5%, 허파와 심장에는 합해서 약 20%가 있다.

57 다음 중 혈류를 조절하는 것과 관련이 없는 것은?

① 맥압(최대혈압과 최소혈압의 차이)
② 말초저항
③ 외인성조절(신경 또는 호르몬)
④ 혈액의 pH

■ 맥압이 크면 혈류량이 많아지고, 말초저항이 크면 혈류량이 작아진다.

정답 53 : ①, 54 : ③, 55 : ①, 56 : ④, 57 : ④

필수문제

58 보기는 산소 헤모글로빈 해리 곡선의 운동 시 변화에 관한 설명이다. ㉠, ㉡, ㉢, ㉣에 들어갈 용어를 바르게 나열한 것은?

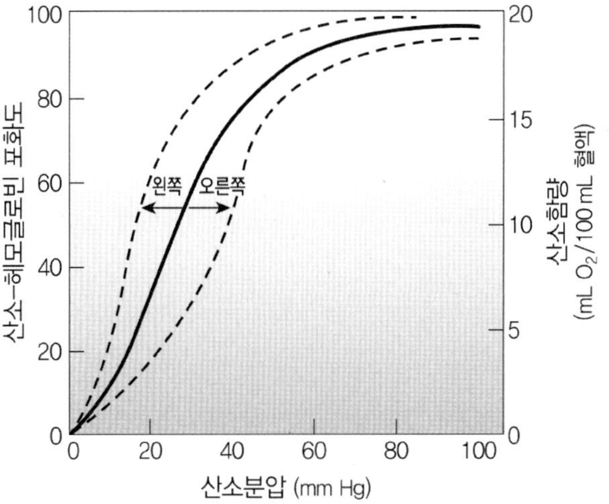

보기
» 심부체온이 증가하여 산소-헤모글로빈 해리곡선은 (㉠)으로 이동하며, 헤모글로빈의 산소친화력을 (㉡)시킨다.
» 신체의 pH가 감소하여 산소 헤모글로빈 해리곡선은 (㉢)으로 이동하며, 헤모글로빈의 산소친화력을 (㉣)시킨다.

	㉠	㉡	㉢	㉣
①	왼쪽	감소	오른쪽	감소
②	왼쪽	증가	왼쪽	감소
③	오른쪽	증가	왼쪽	감소
④	오른쪽	감소	오른쪽	감소

■ 헤모글로빈 등의 혈색소가 산소와 결합하는 비율과 산소함량과의 관계를 나타내는 곡선으로, 이 둘은 거의 비례관계에 있다.

■ 산소해리곡선은 CO_2증가, 온도 증가 및 pH 감소(산성화)에 의해 오른쪽으로 이동한다. 운동 시에는 CO_2 증가 및 젖산 생성에 의해 pH가 낮아지고, 열생산에 의해 체온이 상승한다. 이 경우 헤모글로빈의 산소친화력은 저하된다.

필수문제

59 적혈구용적률(hematocrit)에 관한 설명으로 적절한 것은?

① 높은 적혈구용적률(60% 이상)은 혈액의 흐름을 수월하게 한다.
② 지구성 트레이닝에 대한 적응으로 혈장량이 감소하여 적혈구용적률은 증가한다.
③ 일반적으로 성인 여성이 성인 남성보다 높은 적혈구용적률을 보인다.
④ 전체 혈액량 대비 혈장(plasma)량의 비율이 높을수록 적혈구용적률은 낮다.

■ 적혈구용적률(혈액 중 적혈구의 비율)은 적혈구 수의 증가나 감소의 영향을 받는다. 따라서 혈액 중 혈장량의 비율이 높을수록 적혈구 비율이 낮아져 적혈구용적률도 낮아진다.

$$\text{헤마토크리트(적혈구용적률)} = \frac{\text{혈액비중} - \text{혈장비중}}{1.0964 - \text{혈장비중}}$$

정답 58 : ④, 59 : ④

심화문제

60 적혈구에 대한 설명으로 옳은 것은?

① 산소운반과 pH조절 ② 감염방지
③ 항체생산 ④ 혈액응고

■혈액의 이산화탄소 운반의 약 70%는 중탄산염이온(HCO_3^-) 형태가 차지한다.
■혈액에 용해되거나 헤모글로빈과 결합해서 운반되는 양은 10~20%에 불과하다.

61 혈액 내 이산화탄소의 운반형태 중에서 70% 정도를 차지하는 것은?

① 중탄산염 형태
② 혈액 내 용해되어 운반되는 형태
③ 헤모글로빈과 결합하여 카르바미노 헤모글로빈 형태
④ 수소와 결합형태

■혈액의 산소운반법은 혈액(혈장)에 녹아 있는 상태로 운반되는 방법과 적혈구의 헤모글로빈과 결합된 상태로 운반되는 방법이 있는데, 대부분 후자에 의한다.

62 혈액 내 산소운반 물질은?

① 글루코스(glucose) ② 헤모글로빈(hemoglobin)
③ 마이오글로빈(myoglobin) ④ 유리지방산(free fatty acid)

63 혈액의 성분에 대한 설명이다. 틀린 것은?

① 세포성분과 혈장으로 나눌 수 있다.
② 세포성분에는 적혈구, 백혈구, 혈소판 등이 있다.
③ 림프구와 단핵구는 백혈구에 속한다.
④ 호중구, 호산구, 호염기구 중에서 호염기구가 가장 많다.

■호중구가 약 60%, 림프구가 약 30%이다.

64 혈관의 직경이 큰 것에서 작은 것 순으로 바르게 나열한 것은?

① 대동맥 → 세동맥 → 소동맥 → 모세혈관
② 대동맥 → 소동맥 → 모세혈관 → 세동맥
③ 대동맥 → 모세혈관 → 소동맥 → 세동맥
④ 대동맥 → 소동맥 → 세동맥 → 모세혈관

■운동 시 심박출량의 증가는 1회박출량과 심박수의 증가에 의한다. 비훈련자는 1회박출량이 최대산소섭취량의 약 40~50%에서 더 이상 증가하지 않기 때문에 최대산소섭취량의 40~50%보다 큰 작업량에서 심박출량 증가는 심박수 증가로 이루어진다.
참고: 운동강도에 정확하게 비례해서 변하지는 않는다.

필수문제

65 운동 시 비훈련자의 심혈관계 변화로 적절하지 않은 것은?

① 최대강도까지 운동강도에 비례하여 심박수 증가
② 최대강도까지 운동강도에 비례하여 심박출량 증가
③ 최대강도까지 운동강도에 비례하여 1회박출량 증가
④ 최대강도까지 운동강도에 비례하여 동정맥산소차 증가

정답 60 : ①, 61 : ①, 62 : ②, 63 : ④, 64 : ④, 65 : ③

심화문제

66 운동 시 혈압의 변화를 설명한 것이다. 틀린 것은?

① 확장기혈압은 별 변화가 없다.
② 수축기혈압은 약 200mmHg까지 증가한다.
③ 선수는 수축기혈압이 약 250mmHg까지 증가한다.
④ 심박출량의 증가가 동맥혈관의 확장보다 상대적으로 작기 때문에 수축기혈압이 상승한다.

■ 심박출량의 증가가 동맥혈관의 확장보다 상대적으로 크기 때문에 수축기혈압이 상승한다.

67 혈압을 상승시키는 요인이 아닌 것은?

① 혈액량 증가
② 혈관저항 증가
③ 혈관탄성 증가
④ 1회박출량 증가

■ 혈관탄성이 증가하면 혈압이 낮아진다.

68 혈액순환 시 혈압의 감소가 가장 크게 발생하는 혈관은?

① 모세혈관(capillary)
② 세동맥(arteriole)
③ 세정맥(venule)
④ 대동맥(aorta)

■ ③ 혈액의 흐름에서 저항이 가장 큰 혈관은 소동맥(세동맥)인데, 평균동맥압의 70~80%의 감소가 이곳을 가로질러 발생한다.
■ 혈압 감소의 순서 : 대동맥→소동맥(세동맥)→모세혈관→정맥→대정맥

69 운동 시 혈류의 변화를 설명한 것이다. 틀린 것은?

① 안정 시에는 심박출량의 15~20% 정도만 근육으로 보낸다.
② 최대 운동 시에는 80~85%를 근육으로 보낸다.
③ 대신에 창자나 간에 보내는 혈액량을 줄인다.
④ 혈류조절은 체온에 의해서 한다.

■ 혈류는 비활동기관의 세동맥을 수축시키거나, 활동기관의 세동맥을 이완시켜서 조절한다.

필수문제

70 지구성 트레이닝 후 최대 동-정맥 산소차(maximal arterial-venous oxygen difference) 증가에 기여하는 요인으로 적절하지 않은 것은?

① 미토콘드리아 크기 증가
② 미토콘드리아 수 증가
③ 모세혈관 밀도 감소
④ 총 혈액량 증가

■ ③ 동맥혈과 정맥혈의 농도차이가 동·정맥 산소차이다. 지구성 트레이닝 후에는 모세혈관 밀도가 증가하여 동·정맥 산소차가 감소한다. 또한 미토콘드리아 크기와 수가 증가하여 많은 양의 ATP를 생성하며, 적혈구와 혈장량의 증가로 총 혈액량도 증가한다.

심화문제

71 운동 시 동정맥산소차에 대한 설명으로 옳은 것은?

① 동정맥산소차는 근육세포의 산소 소비량에 비례한다.
② 고강도 운동은 동정맥산소차를 감소시킨다.
③ 골격근의 모세혈관 분포의 증가는 동정맥산소차를 감소시킨다.
④ 동정맥산소차의 감소는 지구력을 증가시킨다.

■ 동맥을 통해서 모세혈관까지 온 동맥혈에서 조직이 산소를 많이 뽑아서 사용하면 동·정맥산소차가 커지고, 조직이 산소를 거의 사용하지 않으면 동정맥산소차가 거의 없게 된다.

정답 66 : ④, 67 : ③, 68 : ②, 69 : ④, 70 : ③, 71 : ①

72 운동 시 순환계통의 변화 중 틀린 것은?

① 1회박출량이 증가한다.
② 심박수가 증가한다.
③ 심박출량이 증가한다.
④ 체내의 혈액량이 증가한다.

■ 운동 시에도 체내의 혈액량은 변화가 없다.

필수문제

73 트레이닝의 효과가 아닌 것은?

① 산소 부족에 견디는 능력의 향상
② 산소 섭취능력의 향상
③ 호흡기관의 기능 향상
④ 안정 시 1회 호흡량의 증가

■ 운동을 많이 한 사람이 가만히 쉴 때 숨을 헐떡거리는가?

심화문제

74 유산소 트레이닝이 엘리트 선수의 인체 적응효과에 미치는 영향으로 옳지 않은 것은?

① 최대 산소섭취량이 더 이상 증가하지 않더라도 지구성 트레이닝을 계속하면 지구력이 증가된다.
② 개인의 유전적 소질은 유산소 능력 향상에 영향을 주지 않는다.
③ 고도로 단련된 남녀 지구력 선수의 비교에서 여자선수는 남자선수보다 최대 산소섭취량이 10% 가량 낮다.
④ 심폐지구력을 최대화시키면 경기력 향상에 도움이 된다.

75 지구력 트레이닝의 적응현상을 설명한 것이다. 틀린 것은?

① 심장의 부피와 심실벽의 두께가 증가한다.
② 안정 시 심박수가 증가한다.
③ 근육 내의 모세관밀도가 증가한다.
④ 혈액 내의 적혈구 수가 증가한다.

■ 지구력 트레이닝을 하면 안정 시 심박수는 감소하고, 최대운동 시 환기량이 증가한다.

필수문제

76 장기간의 유산소 트레이닝에 따른 심혈관계의 적응으로 적절하지 않은 것은?

① 안정 시 심박수 감소
② 최대산소섭취량(VO_2max) 증가
③ 최대 심박출량(cardiac output) 증가
④ 안정 시 1회박출량(stroke volume) 감소

■ 장기간 트레이닝을 하면 안정 시 1회박출량과 최대심박출량, 최대산소섭취량 모두 증가한다. 그러나 안정 시 심박수는 감소한다.

정답 72 : ④, 73 : ④, 74 : ②, 75 : ②, 76 : ④

필수문제

77 장기간 유산소 트레이닝에 따른 심혈관계의 변화로 옳지 않은 것은?

① 트레이닝 전과 비교하여 안정 시 심박수 증가
② 트레이닝 전과 비교하여 안정 시 1회박출량 증가
③ 트레이닝 전과 비교하여 최대 운동 시 심박출량 증가
④ 트레이닝 전과 비교하여 최대 운동 시 산소섭취량 증가

▪장기간 트레이닝을 하면 안정 시 심박수가 감소한다.

심화문제

78 운동 시 환기량의 변화와 지구력 트레이닝에 의한 호흡계통의 적응현상이다. 틀린 것은?

① 운동을 시작하기 전에 환기량이 증가하는 것은 대뇌겉질(대뇌피질)의 자극 때문이다.
② 지구력 트레이닝을 오래 동안 하면 최대운동 시 환기량이 감소된다.
③ 운동 시 환기량의 증가는 호흡중추에 의해서 조절된다.
④ 지구력 트레이닝을 해도 총 허파용량에는 변화가 없다.

▪지구력 트레이닝을 하면 최대운동 시 환기량을 증가하고, 안정 시 심박수는 오히려 줄어든다.

79 장기간 트레이닝에 대한 순환계통의 적응 현상이다. 틀린 것은?

① 심장의 부피와 심장벽의 두께가 증가한다.
② 심장근육의 수축력이 증가한다.
③ 1회박출량과 최대심박출량이 모두 증가한다.
④ 안정 시 심박수가 증가한다.

▪장기간 트레이닝을 하면 안정 시 심박수가 감소한다.

80 장기간 지구성 트레이닝에 의한 심혈관계의 적응으로 옳지 않은 것은?

① 안정 시 심박수가 증가한다.
② 안정 시 1회박출량이 증가한다.
③ 최대하 운동 시 동일한 절대적 운동강도에서 심박수가 감소한다.
④ 최대하 운동 시 동일한 절대적 운동강도에서 1회박출량이 증가한다.

▪지구성 트레이닝을 하면 안정 시 심박수가 감소한다(예 : 스포츠 심장)

81 장기간의 트레이닝에 대한 호흡계통의 적응을 설명한 것이다. 틀린 것은?

① 안정 시와 최대하 운동 중의 호흡수는 감소하고, 최대 운동 시의 호흡수는 증가한다.
② 총허파용량에는 변화가 없다.
③ 안정 시와 최대하 운동 중 허파환기량은 약간 감소하고, 최대 운동 시에는 허파환기량이 현저하게 증가한다.
④ 최대 산소섭취량에는 변화가 없다.

▪장기간 트레이닝을 하면 최대산소섭취량이 크게 증가한다.

정답 77 : ①, 78 : ②, 79 : ④, 80 : ①, 81 : ④

82 보기에서 트레이닝에 의한 호흡·순환계통의 적응 현상을 모두 고른 것은?

보기	
㉠ 허파용적의 증가	㉡ 1회박출량의 증가
㉢ 최대 산소섭취량의 증가	㉣ 안정 시 심박수의 증가
㉤ 혈중 헤모글로빈농도의 증가	

① ㉠㉡㉢㉣㉤ ② ㉡㉢㉣㉤
③ ㉡㉢㉤ ④ ㉠㉣㉤

■트레이닝을 하여도 허파용적에는 변화가 없다. 혈중 헤모글로빈농도는 사람마다 거의 일정하다.

■정답에 문제가 있다. 심장의 크기가 커지고 심장벽이 두께가 두꺼워지면 당연히 산소소비량도 증가한다.

83 젊은 성인의 스포츠심장에 대한 설명으로 옳지 않은 것은?

① 심장의 이완기 연장 ② 안정 시 심박수의 감소
③ 최대심박출량의 증가 ④ 심장 자체의 산소소비량 증가

84 장기간 트레이닝에 의한 순환계통의 적응에 대한 설명 중 틀린 것은?

① 장기간 지구력훈련을 해서 느린맥(서맥)이 생기면 빨리 치료해야 한다.
② 동정맥 산소분압차도 점차적으로 증가한다.
③ 1회심박출량이 점차 증가한다.
④ 심장 벽의 두께가 두꺼워진다.

■운동으로 느린맥(서맥)이 생기는 것은 오히려 좋은 현상이다.

필수문제

85 장기간 트레이닝에 의해서 혈압과 관련된 인자들이 변화하는 것을 설명한 것이다. 틀린 것은?

① 안정 시 혈압이 감소한다.
② 동맥벽의 탄력 저하를 예방한다.
③ 혈중 지질농도가 감소한다.
④ 혈압의 굴곡이 심해진다.

■장기간 트레이닝을 하면 혈압을 안정적으로 유지할 수 있게 된다.

심화문제

86 장기간 유산소 트레이닝이 비만인의 혈액성분에 미치는 영향이 아닌 것은?

① 혈중 중성지방 감소
② 혈중 저밀도 지단백(Low Density Lipoprotein: LDL) 콜레스테롤 감소
③ 혈중 고밀도 지단백(High Density Lipoprotein: HDL) 콜레스테롤 증가
④ 혈중 총콜레스테롤 증가

■장기간 유산소훈련을 하면 혈중 총콜레스테롤이 감소한다.

정답 82 : ③, 83 : ④, 84 : ①, 85 : ④, 86 : ④

필수문제

87 1회 박출량(stroke volume)에 관한 설명으로 적절하지 않은 것은?

① 심실 수축력이 증가하면 1회 박출량은 증가한다.
② 평균 동맥혈압이 감소하면 1회 박출량은 증가한다.
③ 심장으로 돌아오는 정맥혈 회귀(venous return)가 감소하면 1회 박출량은 감소한다.
④ 수축기말 용적(end-systolic volume)에서 확장기말 용적(end-diastolic volume)을 뺀 값이다.

■ 심장이 한 번 박동하는 동안 심실에서 펌프되는 혈액의 부피가 1회박출량인데, 확장기말 혈액량에서 수축기말 혈액량을 뺀 값이다. 이것을 결정하는 요인은 심장으로 되돌아오는 정맥혈의 양(정맥환류량), 심장의 수축력, 대동맥 및 허파동맥의 혈압이다.

심화문제

88 1회박출량에 대한 설명 중 틀린 것은?

① 수축기 동안에 왼심실로부터 박출되는 혈액량이다.
② 심실의 수축기말 용적과 확장기말 용적의 차이이다.
③ 심장근육의 수축력이 증대될수록 증가한다.
④ 최대운동 시까지 운동강도에 비례해서 증가한다.

■ 1회박출량은 운동강도가 40~60% 이상이 되면 더 이상 증가하지 않는다.

89 보기에서 설명하는 용어는?

보기
» 심실이 수축할 때 배출되는 혈액의 양 » 확장기말 혈액량(EDV)과 수축기말 혈액량(ESV)의 차이

① 심박수 ② 1회박출량
③ 분당 환기량 ④ 최대산소섭취량

90 보기의 ㉠과 ㉡에 들어갈 용어를 바르게 나열한 것은?

보기
지구성 트레이닝에 대한 적응으로 최대 동·정맥산소차는 (㉠)하고, 최대 1회박출량(stroke volume)은 (㉡) 한다.

	㉠	㉡
①	증가	감소
②	증가	증가
③	감소	증가
④	감소	감소

■ 운동 시에는 근육에 의한 산소소비가 증가함에 따라 동·정맥산소차와 최대1회박출량이 증가한다.

정답 87 : ④, 88 : ④, 89 : ②, 90 : ②

필수문제

91 고강도 운동 시 심박출량 증가 요인으로 옳지 않은 것은?

① 혈중 에피네프린 증가에 따른 심박수 증가
② 활동근의 근육펌프 작용에 따른 정맥회귀량 증가
③ 교감신경계의 활성에 따른 심실수축력 증가
④ 부교감신경계의 활성에 따른 심박수 증가

■ 심박출량은 심장의 수축운동에 의해 좌심실이 1분간 박출하는 총혈액량이다. 교감신경은 심장의 박동수를 증가시켜 수축력을 강하게 하고, 부교감신경은 심박수를 감소시킨다.

심화문제

92 보기에서 설명하는 심혈관계의 구성요소는?

보기
» 1분 동안 심장으로부터 박출되는 혈액의 양이다.
» 심박수와 1회박출량의 곱(HR × SV)으로 계산된다.

① 분당 환기량　② 심박출량
③ 동정맥산소차　④ 최대산소섭취량

■ 1분 동안 허파를 드나드는 공기의 양은 분당환기량, 1분 동안 심장을 드나드는 혈액의 양은 심박출량이다.

93 심박출량(cardiac output)에 대한 설명 중 옳지 않은 것은?

① 1회박출량과 심박수의 곱으로 산출한다.
② 심박출량은 운동강도의 증가에 따라 직선적으로 계속 증가한다.
③ 1분당 심장에서 박출되는 총 혈액량이다.
④ 정맥회귀(venous return)량은 심박출량에 영향을 준다.

■ 심박출량은 포물선같이 급격히 증가하다가 더 이상 증가하지 않는다.

94 인체 운동에 따른 신체적응에 대한 설명으로 올바른 것은?

① 단련자는 비단련자보다 최대 심박출량이 높게 나타난다.
② 단련자는 비단련자보다 동일조건의 운동에서 심박수가 높게 나타난다.
③ 단련자는 비단련자보다 안정 시 심박수가 높게 나타난다.
④ 단련자는 비단련자보다 최대 심박수가 낮게 나타난다.

■ 단련자는 심장의 크기가 크고, 평상시에는 심박수가 낮다. 그러나 최대운동을 할 때에는 심박수가 더 높다.

95 보기에서 혈류량과 관계 없는 것은?

보기
㉠ 혈압　㉡ 혈류저항　㉢ 혈액의 점성　㉣ 혈관의 길이

① ㉠　② ㉠㉡　③ ㉡㉢　④ ㉡㉢㉣

■ 혈압이 높다고 혈액이 빨리 흐르는 것이 아니다. 동ㆍ정맥의 혈압차이가 커야 혈액이 빨리 흐른다.

96 1회박출량(Stroke Volume)을 조절하는 요인이 아닌 것은?

① 심실이완기말 혈액량　② 평균 대동맥혈압
③ 폐활량　④ 심실수축력

■ 폐활량은 혈액과 관계가 없다.

정답 91 : ④, 92 : ②, 93 : ②, 94 : ①, 95 : ①, 96 : ③

CHAPTER 07

환경과 운동

인체의 체온 조절

체온조절 중추	사이뇌에 있는 사상하부가 체온을 조절하는 중추이다. 시상하부앞엽은 체온의 증가에, 시상하부뒤엽은 체온의 감소에 관여한다.
열 수용기	중추 수용기(시상하부에 있는 뉴런), 깊은 부위 수용기(복부내장, 척수, 대정맥 주위에 있는 뉴런), 말초 수용기(피부에 있는 뉴런).
열 효과기	골격근(열을 생산한다.), 땀샘(증발에 의해서 열을 발산한다.), 동맥의 민무늬근(피부로 흐르는 혈액의 양을 조절하여 체온조절에 기여한다.), 내분비샘(호르몬을 분비해서 세포의 대사작용을 조절하여 체온을 조절한다.)
열전도의 방법	전도, 대류, 복사, 증발 (증발이 가장 효과적인 방법이다.) » 전도 : 직접적인 분자 접촉을 통해 한 물질에서 다른 물질로 열 이동 » 대류 : 열이 한 장소에서 다른 장소로 이동되는 것 » 복사 : 물리적 접촉 없이 서로 다른 물체의 표면으로 열 전달 » 증발 : 운동 중 땀의 증발로 열 제거

고온 환경

1 고온 환경에서 운동 시 나타나는 생리적 변화

☞ 열을 방출하기 위해서 피부혈류량이 증가한다.

☞ 다량의 땀 분비로 수분이 손실되어 혈장량이 감소한다(갈증 또는 탈수증이 생긴다).

☞ 정맥 환류 량이 감소되기 때문에 1회박출량이 감소한다.

☞ 근육의 글리코겐 이용률이 높아져서 젖산이 생기기 때문에 피로가 빨리 오고, 전해질불균형이 생긴다.

2 고온 환경에서 운동 시 발생하는 열 관련 장애

열경련	다량의 땀을 흘려서 무기질과 수분 부족이 원인이다.
열탈진	과다한 수분 상실과 무기질 상실은 물론이고 혈액량까지 감소되었을 때 오는 증상.
열사병	과도한 체온 상승 때문에 체온조절 기전이 제대로 작동되지 못하는 상태이다.

3 체온 손실 요인

체표면적	체표면적의 넓이에 비례해서 열이 손실된다.
신체구성	피하지방은 뛰어난 단열재이기 때문에 열손실을 막아준다.
풍속냉각	바람이 불면 열손실 속도를 증가시킨다.
잠수	물속에 들어가거나 젖으면 열손실이 약 26배 증가한다.

저온 환경

1 저온 환경에서 운동 시 나타나는 생리적 변화

☞ 심부온도가 저하되면 호흡 순환계통의 기능이 저하되어 운동 수행능력이 저하된다.

☞ 근육온도가 저하되면 근육활동이 둔화되고 열 생산 능력이 저하된다.

☞ 피하조직으로 흐르는 모세혈관이 수축되면 근육에서 글리코겐의 이용률이 증가하여 빨리 피로해진다.

2 저온 환경에서 운동 시 발생하는 열 관련 장애

저체온증	체온이 34.5도 이하로 떨어지면 시상하부에서 체온을 조절할 수 있는 능력이 상실되기 시작한다.
심박출량의 급감	심부 온도의 저하와 심박수의 감소에 의해서 발생한다.
동상	피부 온도가 0도 이하로 내려가면 피부가 언다.

고지 환경

1 고지 환경이 평지 환경과 다른 점

☞ 해발 4,300까지 올라가면 대기압이 760mmHg에서 460mmHg로 내려간다.
→ 산소 분압도 비례해서 내려간다. → 허파에서 산소를 적게 흡수한다.
→ 산소가 부족하므로 숨을 가쁘게 쉬어서 보충하려고 한다.
→ 숨을 내쉴 때 수분이 많이 날아간다. → 잠을 설친다.→고산병에 걸린다.

☞ 고산 뇌부종 및 고산 폐부종

☞ 극단적인 고지에서는 인지능력의 저하

2 고지 환경에서 운동 시 나타나는 생리적 변화

☞ 동맥혈의 산화헤모글로빈 포화도가 감소한다.

☞ 최대 산소섭취량이 감소한다.

☞ 유산소 에너지 대사능력이 감소한다.

☞ 자신이 느끼는 운동강도는 증가되고, 운동능력이 저하된다.

☞ 평지에서 운동할 때보다 심박수가 증가하고, 혈액 속에 있는 적혈구 수도 증가한다.

3 고지 적응훈련을 통해서 얻을 수 있는 변화

⑧ 적혈구와 헤모글로빈 농도의 증가

⑧ 산소 운반능력의 향상과 모세혈관의 증가

⑧ 근육 내의 미오글로빈과 미토콘드리아의 증가

수중 환경

1 수중 환경의 특성

☞ 빠르게 체온이 내려간다.

☞ 체온을 유지하기 위해서 혈액이 재분배된다.

☞ 혈액 재분배 과정에서 깊은 부위 혈액량이 증가되기 때문에 방뇨현상이 나타난다.

☞ 수중에서는 서맥현상이 나타나고, 심박출량이 감소한다.

☞ 체내의 수분과 전해질 평형이 일시적으로 깨진다.

2 온수에 입수했을 때 생기는 변화

⑧ 찬물에 입수하면 말초혈류가 위축되지만, 온수에 입수하면 말초혈류가 증가

⑧ 심박수의 증가 ⑧ 혈장량의 감소 ⑧ 운동능력의 감소

3 수중 운동에 적응되면

☞ 최대 흡기압과 폐활량이 증가한다.

☞ 고탄산혈증에 대한 민감도가 낮아진다.

☞ 저산소증에 견디는 능력이 향상된다.

4 숨정지 잠수 반응

☞ 숨을 정지하고 잠수하는 것이다.

☞ 약 3분 잠수가 가능하다-혈중 이산화탄소의 압력이 증가하기 때문에

☞ 가슴쪽으로 체수분이 이동하여 심장의 크기가 커진다.

☞ 잠수서맥과 심박출량의 감소가 생긴다.

5 스쿠버다이빙

☞ 스쿠버장비를 이용해서 수중에서 숨을 쉬면서 잠수하는 것이다.

☞ 흡입저항이 커져서 분당 환기량이 감소한다.

☞ 깊이 잠수할수록 체온을 많이 잃는다.

대기오염

1 공기오염 물질

⑧ 1차오염물질 : 일산화탄소, 산화황, 분진 등 공장이나 자동차에서 배출되는 물질

⑧ 2차오염물질 : 오존, 연무 등 1차오염물질의 상호작용으로 생성된 물질

2 공기오염 물질이 인체에 미치는 영향

⑧ 일산화탄소(CO_2) : 산소운반능력 방해, 허파의 확산능력과 최대유산소능력을 감소시켜 운동지속시간과 최대 산소섭취량 감소 등

⑧ 산화황(SO_2) : 기도장애, 기관지축소 등

⑧ 오존(O_3) : 기도의 불쾌감과 폐기능 저하 등

필수 및 심화 문제

▪사이뇌(간뇌)에 있는 사상하부가 체온을 조절하는 중추이다. 시상하부앞엽은 체온의 증가에, 시상하부뒤엽은 체온의 감소에 관여한다.

필수문제

01 체온조절중추는?

① 대뇌 ② 사이뇌 ③ 소뇌 ④ 뇌줄기

심화문제

▪폐활량은 체온유지와 관련이 없다.

02 수중 운동 시 체온유지를 위한 요인으로 옳지 않은 것은?

① 폐활량 ② 체지방량 ③ 운동 강도 ④ 물의 온도

03 운동 시 체온조절에 관한 설명으로 옳은 것은?

▪운동할 때 생기는 열을 버리는 방법은 주로 땀의 증발이다.

① 체온조절은 뇌의 전두엽이 담당한다.
② 인체의 열생성을 위한 방법으로는 수의적인 운동이 유일하다.
③ 격렬한 운동으로 증가된 체온은 주로 땀의 증발을 통해 조절된다.
④ 운동 강도의 증가는 대류와 복사에 의한 열손실을 증가시킨다.

필수문제

04 열수용기를 있는 위치에 따라서 분류한 것 중에서 옳지 못한 것은?

▪복부내장, 척수, 대정맥 주위에 있는 뉴런이 깊은부위수용기에 속한다. 열수용기(p. 101) 참조.

① 중추수용기 : 시상하부에 있는 뉴런
② 깊은부위수용기 : 복부내장에 있는 뉴런
③ 말초수용기 : 피부에 있는 뉴런
④ 깊은부위수용기 : 입속에 있는 뉴런

필수문제

05 체온을 조절하는 효과기가 아닌 것은?

▪골격근은 열을 생산하고, 땀샘은 열을 발산하며, 동맥의 민무늬근육은 피부로 흐르는 혈액의 양을 조절하여 체온조절에 기여한다. 내분비샘은 호르몬을 분비해서 세포의 대사작용을 조절하여 체온을 조절하지만 정맥의 민무늬근육은 체온조절에 아무런 기여도 하지 않는다.

① 골격근
② 땀샘
③ 정맥의 민무늬근
④ 내분비샘

정답 01 : ②, 02 : ①, 03 : ③, 04 : ④, 05 : ③

심화문제

06 장시간의 운동 시 발생하는 탈수현상이 심혈관계에 미치는 영향으로 적절한 것은?

① 심박수가 점차 증가한다.
② 혈액량이 점차 증가한다.
③ 심실의 확장기말 용량(end-diastolic volume)이 점차 증가한다.
④ 우심방으로 돌아오는 정맥환류(venous return)의 양이 점차 증가한다

■ 운동 중 체중의 4~5% 정도의 탈수현상이 생기면
· 직장온도와 심박수 증가
· 세포 내외의 체액량 감소
· 심박출량 감소
· 젖산생성 증가로 근육 내 전해질 불균형 야기
· 운동수행능력 감소
· 구토, 경련, 출혈 등 대사성 장애 유발

필수문제

07 보기에서 설명하는 열손실 기전은?

보기
» 피부의 땀이나 호흡을 통하여 체열을 손실시킨다.
» 실내 트레드밀 달리기 중 열손실의 가장 주된 기전이다.
» 대기조건(습도, 온도)과 노출된 피부 표면적의 영향을 받는다.

① 복사 ② 대류
③ 증발 ④ 전도

■ ①**복사** : 물리적 접촉 없이 서로 다른 물체의 표면으로 열 전달
■ ②**대류** : 열이 한 장소에서 다른 장소로 이동되는 것
■ ③**증발** : 운동 중 열 발산을 위해 땀의 증발로 열 제거. 체온조절에서 핵심적인 역할을 함.
■ ④**전도** : 직접적인 분자 접촉을 통해 한 물질에서 다른 물질로 열 이동

심화문제

08 다음 중 인체의 체온을 조절하는 시스템의 기본적인 구성요소라고 하기 어려운 것은?

① 근육 ② 체온조절중추
③ 열수용기 ④ 열효과기

■ 근육은 열효과기 중의 하나이다(p. 101 참조).

필수문제

09 고온 환경에서 운동할 때 나타나는 생리적 변화 중에서 틀린 것은?

① 열을 방출하기 위해서 피부혈류량이 증가한다.
② 다량의 땀 분비로 수분이 손실되어 혈장량이 감소한다(갈증 또는 탈수증이 생긴다).
③ 정맥환류량이 감소되기 때문에 1회박출량이 감소한다.
④ 근육의 글리코겐 이용률이 낮아져서 피로가 빨리 온다.

■ 고온 환경에서 운동을 하면 근육의 글리코겐 이용률이 높아져서 젖산이 생기기 때문에 피로가 빨리 오고, 전해질불균형이 생긴다.

정답 06 : ①, 07 : ③, 08 : ①, 09 : ④

심화문제

10 고온 환경에서 운동할 때 나타나는 변화 중에서 옳지 않은 것은?

■고온 환경에서 운동을 하면 글리코겐이용률이 증가하여 젖산이 빨리 축적되고, 피로도 빨리 온다.

① 근육의 글리코겐 이용률이 감소하기 때문에 젖산 축적량이 저하된다.
② 깊은부위(심부)온도가 증가한다.
③ 훈련된 선수는 체온조절 능력이 좋기 때문에 피부온도가 낮게 나타난다.
④ 정맥 환류량이 감소되기 때문에 심박수가 증가한다.

11 고온 환경에서 운동 시 생리적 반응으로 옳지 않은 것은?

■심박수가 증가한다.

① 심부온도 증가
② 교감신경계 자극 증가
③ 심박수 감소
④ 피부혈류량 증가

12 더운 환경에서 운동 시 나타나는 인체의 생리적 반응으로 옳지 않은 것은?

■체온이 내려가는 것을 방지하기 위해 몸을 떨게 된다.

① 심박수가 증가한다.
② 땀 분비가 증가한다.
③ 떨림(shivering)이 증가한다.
④ 피부혈관의 혈류가 증가한다.

13 고온 환경에서 운동할 때 나타나는 현상이 아닌 것은?

■고온 환경에서 운동을 하면 심박수가 증가한다.

① 1회박출량의 감소
② 심박수의 감소
③ 심박출량의 유지
④ 운동능력의 감소

14 더울 때 땀을 흘리는 가장 중요한 이유는?

① 효율적으로 열을 발산하기 위해서
② 체수분을 줄이기 위해서
③ 관절을 부드럽고 매끄럽게 유지하기 위해서
④ 피부를 통해서 세균이나 바이러스가 침투하는 것을 방지하기 위해서

15 고온 환경에서 운동할 때 나타나는 현상이 아닌 것은?

■고온 환경에서 운동을 하여도 호흡수에는 큰 변화가 없다.

① 심장 박동수가 높게 나타난다.
② 호흡이 가빠진다.
③ 1회박출량이 감소한다.
④ 말초혈관이 확장된다.

16 더위에 적응한 현상으로 옳은 것은?

■땀이 빨리 많이 나오고, 피부온도가 천천히 상승한다.

① 땀의 배출량이 줄어든다.
② 땀이 배출되기 시작하는 시간이 지연된다.
③ 심박수가 증가한다.
④ 피부온도가 천천히 상승한다.

정답 10 : ①, 11 : ③, 12 : ③, 13 : ②, 14 : ①, 15 : ②, 16 : ④

필수문제

17 보기에서 설명하는 것은?

보기
» 고온환경의 운동 중 극도의 피로, 혼란, 혼미, 현기증, 구토
» 심한 탈수 현상으로 심혈관계가 인체의 요구에 적절히 대처하지 못함
» 심부체온 40 ℃ 미만

① 열사병　② 열탈진
③ 열순응　④ 저나트륨혈증

■ **열사병** : 과도한 체온상승으로 체온조절 기전이 제대로 작동하지 못하는 상태
■ **열순응(열적응)** : 더운 환경에서 운동을 수행할 수 있는 능력
■ **저나트륨혈증** : 혈중 나트륨 농도가 135mmol/L 미만으로 낮아진 경우

심화문제

18 고온 환경에서 운동을 하다가 체온조절 시스템이 마비되어 땀이 나지 않는 증상은?

① 열상　② 열경련
③ 열탈진　④ 열사병

■ 열사병(p. 101) 참조.

19 장기간 신체활동을 고온 환경에서 행할 경우, 얻게 되는 열 순응에 대한 설명으로 틀린 것은?

① 발한시점 조기화　② 피부밑(피하) 혈관의 수축
③ 발한율 증가　④ 혈장량 증가

■ 피부밑 혈관이 수축하면 땀이 잘 나지 않게 된다.

20 고온 환경에서 규칙적인 운동을 한 결과로 생긴 열적응으로 옳은 것은?

① 혈장량 감소　② 운동 중 느린 땀 배출
③ 발한율 증가　④ 피부혈류량 증가

■ 고온 환경에서 운동을 할 때 생기는 일시적인 생리적 변화를 최소한으로 줄이는 쪽으로 발달하는 것이 열적응이다.

필수문제

21 저온 환경에 노출되었을 때 생기는 생리적 변화 중에서 틀린 것은?

① 체온을 유지하기 위해서 외부혈관이 수축된다.
② 근육의 떨림이 증가한다.
③ 세포의 대사활동을 활발하게 하는 호르몬 분비가 증가한다.
④ 심박출량이 증가한다.

■ 저온 환경에 노출되면 심박출량이 현저하게 감소한다.

정답 17 : ②, 18 : ④, 19 : ②, 20 : ③, 21 : ④

심화문제

■①, ②, ③은 고온환경일 때 발생하는 생리적 반응이다.
■21번 문제 참조.

22 체온 저하 시 생리적 반응으로 적절한 것은?

① 심박수 증가
② 피부혈관 확장
③ 땀샘의 땀 분비 증가
④ 골격근 떨림(shivering) 증가

■저온환경에서 운동을 하면 심박수가 감소한다.

23 저온 환경에서 운동할 때 나타나는 현상으로 옳지 않은 것은?

① 근육이 떨리고, 호르몬이 증가한다.
② 말초혈관이 수축하고, 혈압이 상승한다.
③ 깊은부위온도가 낮아지며 심박수가 증가한다.
④ 최대산소섭취량이 감소한다.

■저온 환경에서 운동을 하면 혈관이 수축된다.

24 저온 환경에서 운동할 때 발생하는 현상과 거리가 먼 것은?

① 혈관의 이완
② 깊은 부위 혈류량의 증가
③ 티록신과 카테콜아민 분비(세포의 대사촉진)
④ 골격근의 떨림

■일반적으로 온도가 내려가면 화학반응의 속도가 느려진다.

25 다음 중 저온환경에서 순발력 저하의 원인으로 바르지 않은 것은?

① 근육온도의 저하로 인해 근육세포 내 수분의 점도 증가
② 근육세포 내 ATP합성을 위한 화학반응의 속도 증가
③ 근육 내 화학반응속도 감소로 인해 최대근육수축의 도달시간 증가
④ 교차결합과 액틴의 움직임에 대한 물리적 저항 증대

■저온 환경에 적응되면 피부혈류량이 증가한다.

26 저온 환경에 적응한 결과가 아닌 것은?

① 피부의 떨림 없이 열 생산이 증가된다.
② 손발의 체온을 유지하기 위해서 말초혈류량이 증가한다.
③ 추위에서 견딜 수 있는 능력이 향상된다.
④ 피부 혈류량이 감소된다.

27 저온 환경에서 생기는 변화 중 틀린 것은?

① 피부 혈관이 확장된다.
② 열 생산량이 증가된다.
③ 열을 효율적으로 보존한다.
④ 추위를 이기려고 골격근이 떨린다.

정답 22 : ④, 23 : ③, 24 : ①, 25 : ②, 26 : ④, 27 : ①

필수문제

28 **고지대에서 지구성 운동능력이 저하되는 원인은?**

① 동정맥산소차 증가 ② 산소분압 감소
③ 최대산소섭취량 증가 ④ 호흡빈도와 호흡량 감소

■ 고지대에서는 대기압이 낮다. 대기압이 낮으면 산소분압도 감소하고, 산소분압이 감소되면 산소의 흡수량이 적어지기 때문에 지구성 운동능력이 저하된다.

심화문제

29 **고지와 평지의 차이를 설명한 것이다. 틀린 것은?**

① 고지는 평지보다 대기압이 낮다.
② 고지는 평지보다 대기 중의 산소농도가 낮다.
③ 고지는 평지보다 대기 중의 산소분압이 낮다.
④ 고지는 평지보다 동맥혈의 산소분압과 조직세포 내의 산소분압이 낮다.

■ 대기 중의 산소농도는 고지와 평지 모두 약 21%로 같다. 동맥혈의 산소분압과 조직세포 내의 산소분압은 평지가 모두 높다.

필수문제

30 **해수면과 비교하여 고지 환경에서 운동 시 생리적 반응으로 옳지 않은 것은?**

① 최대하 운동 시 폐환기량이 증가한다.
② 최대하 운동 시 심박수와 심박출량은 감소한다.
③ 최대하 운동 시 동맥혈 산화헤모글로빈 포화도는 감소한다.
④ 무산소 운동능력보다 유산소 운동능력이 더 감소한다.

■ **고지 환경에서 운동 시의 생리적 반응**
- 폐환기량 증가
- 동맥혈의 산화헤모글로빈 포화도 감소
- 유산소에너지 대사능력 감소
- 심박수 증가, 심박출량 감소
- 1회박출량 감소

심화문제

31 **고지환경에 단기간 노출되었을 때 나타나는 생리적 반응으로 옳지 않은 것은?**

① 혈압 감소
② 호흡수 증가
③ 심박수 증가
④ 심박출량 증가

■ 심박수와 심박출량이 증가하면 혈압도 증가된다.

32 **고지대에서 장기간 노출 시 나타나는 생리적 적응 현상으로 적절하지 않은 것은?**

① 적혈구 수 증가
② 혈액의 산소운반능력 향상
③ 근육의 모세혈관 밀도 감소
④ 주어진 절대강도 운동 시 폐환기량 증가

■ 장기적인 고지적응의 효과는 조직 내 모세혈관밀도 증가, 마이오글로빈농도 증가, 미토콘드리아밀도 증가, 세포 내 산화효소 활성도 증가 등이다. 이러한 결과는 저산소상태에서 산소 공급과 산소 이용의 감소를 보상하기 위해 일어나는 반응이다.

정답 28 : ②, 29 : ②, 30 : ②, 31 : ①, 32 : ③

■고지에서도 운동강도는 변함이 없으나, 자신이 느끼는 운동강도는 증가되고, 운동능력이 저하된다. 똑같은 강도의 최대하 운동을 고지에서 하면 평지에서 할 때보다 심박수가 증가하고, 혈액 속에 있는 적혈구 수도 증가한다.

33 고지 환경에서 호흡순환계통에 나타나는 변화가 아닌 것은?

① 동맥혈의 산화헤모글로빈 포화도가 감소한다.
② 최대 산소섭취량이 감소한다.
③ 유산소 에너지 대사능력이 감소한다.
④ 운동강도가 저하된다.

34 고지 환경에서 운동할 때 나타나는 변화 중 옳은 것은?

■심박수가 한없이 증가할 수는 없으므로 고원현상을 보인다.

① 안정 시 , 최대하 운동 시, 최대 운동 시 모두 1회박출량이 감소한다.
② 안정 시와 최대하 운동 시에는 심박수가 증가하지만, 최대 운동 시에는 그렇지 않다.
③ 최대 산소섭취량이 감소한다.
④ 동맥혈의 산화헤모글로빈 포화도가 급격히 감소한다.

필수문제

35 고지 트레이닝에 의한 적응현상이 아닌 것은?

■헤마토크리트의 감소는 고지트레이닝에 의한 적응현상이 아니다(p. 102 참조)

① 적혈구 생산 호르몬의 증가
② 적혈구와 헤모글로빈 농도의 증가
③ 근육 내 산소 공급의 증가
④ 헤마토크리트의 감소

심화문제

36 고지 훈련을 통해서 얻을 수 있는 긍정적인 변화 중에 틀린 것은?

■고지훈련을 하면 산소운반능력이 향상될 수 있다.

① 적혈구 농도의 증가
② 헤모글로빈 농도의 증가
③ 산소 운반능력의 저하
④ 근육 내의 미오글로빈과 미토콘드리아의 증가

37 고지 운동과 관련된 설명 중에서 옳은 것은?

■고지에서는 공기밀도가 낮아진다. 고지에서 운동을 하면 산소운반능력은 좋아지지만, 혈액순환과는 관계가 없다.

① 공기 밀도가 높아져서 운동능력이 저하된다.
② 기압 감소의 효과가 인체에 영향을 미치려면 고도가 약 2,000m 이상이어야 한다.
③ 고지에서 트레이닝을 하면 헤모글로빈 농도가 증가해서 혈액순환이 잘 된다.
④ 고지에서 트레이닝을 한 다음 평지로 되돌아오면 항상 운동능력이 향상된다.

정답 33 : ④, 34 : ②, 35 : ④, 36 : ③, 37 : ②

38 고지 환경에서 일반적으로 나타나는 증상이 아닌 것은?

① 수분 손실
② 수면 장애
③ 극단적인 고지에서는 인지능력의 저하
④ 근력 저하

39 고지대 환경에서 시합 시, 경기력의 저하가 가장 크게 나타나는 종목은?

① 100m ② 200m ③ 400m ④ 마라톤

■ 고지대는 산소가 부족하기 때문에 유산소 운동이 어렵게 된다.

필수문제

40 수심이 깊은 곳에서 활동을 하다가 공기를 내뱉지 않고 수면으로 급상승하면 공기가 팽창하면서 허파조직이 손상되어서 생기는 증상은?

① 공기색전증 ② 질소마취
③ 벤드증상 ④ 공기가슴증(기흉)

■ 허파 속의 압력이 급격하게 내려가면 혈장에 녹아 있던 기체가 유리되면서 혈액 안에 작은 공기 방울이 생긴다. 그 공기 방울들이 모여서 뇌로 가는 혈관을 막아버렸을 때 나타나는 증상이 공기색전증이다. 벤드증상은 급격한 기압의 하강에 의하여 나타나는 팔다리 통증과 복통을 말한다.

심화문제

41 수중 환경의 특성(잠수반사) 중에서 틀린 것은?

① 물의 열전도율이 공기보다 훨씬 크기 때문에 빠르게 체온이 내려간다.
② 체온을 유지하기 위해서 혈액이 재분배된다.
③ 혈액 재분배 과정에서 깊은부위혈액량이 증가되기 때문에 방뇨현상이 나타난다.
④ 심박수와 심박출량이 증가한다.

■ 수중에서는 느린맥(서맥)현상이 나타나고, 심박출량이 감소한다. 체내의 수분과 전해질 평형이 일시적으로 깨진다.

42 물속에 잠수했을 때 나타나는 생리적 반응으로 옳지 않은 것은?

① 소변량 증가 ② 정맥환류량 감소
③ 깊은부위혈액량 증가 ④ 안정 시 심박수 감소

■ 부력 때문에 중력의 영향이 작아지므로 정맥환류량이 오히려 증가한다.

43 스쿠버다이빙 시 생기는 문제가 아닌 것은?

① 가슴공기증(기흉)과 공기색전증
② 산소중독
③ 질소마취
④ 이산화탄소 중독

■ 이산화탄소 중독과 스쿠버다이빙은 관련이 없다.

정답 38 : ④, 39 : ④, 40 : ④, 41 : ④, 42 : ②, 43 : ④

■ 찬물에 입수하면 말초혈류가 위축되지만, 온수에 입수하면 말초혈류가 증가한다.

44 **온수에 입수했을 때 생기는 변화와 거리가 먼 것은?**

① 말초혈류의 위축 ② 심박수의 증가

③ 혈장량의 감소 ④ 운동능력의 감소

■ 자동차나 공장에서 직접 배출되는 일산화탄소, 산화질소, 분진 등이 1차 오염물질이다. 1차 오염물질의 상호작용에 의해서 생겨난 오존과 연무가 2차 오염물질이다.

필수문제

45 **다음 중 2차 오염물질은?**

① 오존 ② 일산화탄소

③ 매연 ④ 미세먼지

심화문제

46 **대기 오염물질과 그 폐해를 설명한 것이다. 틀린 것은?**

① 일산화탄소 : 헤모글로빈과의 결합력이 아주 강해서 조직으로 산소를 운반하는 것을 방해한다.

② 이산화질소 : 고농도의 이산화질소에 노출되면 허파가 손상된다.

③ 미세 먼지 : 하기도(아래숨길)까지 침투하여 침착시킨다.

④ 오존 : 기능적 환기량을 지나치게 증가시킨다.

■ 오존은 기능적 환기량을 저하시킨다.

47 **대기오염 물질 중의 하나인 오존에 대한 설명이다. 틀린 것은?**

① 맑고 햇빛이 강할 때 증가한다.

② 도시 스모그의 주요 성분이다.

③ 한 낮에 운동을 피하면 오존의 피해를 줄일 수 있다.

④ 호흡량을 감소시키고, 허파기능을 저하시킨다.

■ 스모그의 주요 성분은 매연과 먼지이다.

48 **산소보다 헤모글로빈과의 친화력이 높아서 근육으로 산소가 이동하는 것을 방해하는 물질은?**

① 이산화탄소 ② 다이옥신

③ 수은 ④ 일산화탄소

■ 산소가 지나치게 많은 공기를 흡입하면 산소가 혈액에 너무 많이 녹아들고 조직에서 배출하는 이산화탄소가 헤모글로빈과 결합하지 못하기 때문에 축적되는 것이 산소중독이다.

49 **체내에 산소와 이산화탄소가 과도하게 축적되었을 때 나타나는 것은?**

① 산소중독

② 이산화탄소중독

③ 잠수병

④ 공기가슴증(기흉)

정답 44 : ①, 45 : ①, 46 : ④, 47 : ②, 48 : ④, 49 : ①